J'ai écrit ce livre en l'honneur de mon Seigneur, à qui revient ma gratitude pour toutes les pensées qu'Il m'a inspirées et qui nous dira, lors de son retour:

"Venez, vous qui êtes bénis de mon Père; prenez possession du royaume qui vous a été préparé dès la fondation du monde!"

(Matthieu 25,34)

Table des matières

Introduction... 7

1. L'idée de l'éternité.. 9

2. La Bible contient la meilleure des nouvelles, mais aussi la pire.. 15
2.1 Comparaison entre la Terre et le Ciel 20
   a) Un amour mutuel 20
   b) La joie d'une femme à la naissance de son premier enfant... 22
   c) L'athlète qui gagne une médaille olympique 23
   d) Un scientifique qui reçoit le prix Nobel 23
2.2 Comparaison entre la Terre et l'Enfer 24

3. Pourquoi Dieu ne pourrait-il pas tout simplement accepter tout le monde dans son royaume?....... 33

4. Dieu a-t-il fait quelque chose pour m'éviter de courir à la perdition éternelle ? 40
4.1 Y a-t-il une solution pour sortir de ce dilemme?... 41
4.2 Nous devons reconnaître que nous avons besoin d'être sauvés.. 42
4.3 Le péché est arrivé par Adam, le premier homme 44
4.4 Le péché mène inévitablement au châtiment éternel 45
4.5 La solution 49
4.5.1 Le sauveur doit être un être humain 50
4.5.2 Le sauveur doit être Dieu 50
4.5.3 Le sauveur doit être sans péché 53

5. Quelques caractéristiques du ciel........................... 56
5.1 Le ciel : l'endroit où règne l'amour éternel........... 56
5.2 Le ciel – le lieu de la beauté 57
5.3 Le ciel – une fête sans fin....................................... 60

5.4 Le ciel, le lieu où est Jésus 63
5.5 Au ciel, nous serons rendus semblables à Jésus 66
5.6 Le ciel – une bonne raison pour se réjouir
     à l'avance! 67

6. Notre libre choix: le ciel ou l'enfer 70
6.1 La femme qui voulait aller en enfer 71
6.2 La femme qui voulait aller au ciel 74

7.   Les lois de la nature et l'amour de Dieu 76

8   Les preuves de Dieu et le salut 80

9   Comment puis-je aller au ciel? 81

10   Comment peut-on avoir accès au Ciel? 82
10.1. Qu'est-ce qui nous amène vraiment au ciel ? 83
10.2. Le salut par Jésus Christ 85

Introduction

Nous avons tous de nombreuses décisions à prendre dans nos vies. Les jeunes doivent choisir un métier, un conjoint, un lieu d'habitation. Toutes ces questions sont importantes et justifiées, mais elles ne concernent que notre vie terrestre et partant, sont éphémères. La question qui devance de loin toutes les autres, c'est celle de notre lieu de résidence éternel. Là, on ne parle pas de 3 ans, ni de trente, mais de l'éternité : où allez-vous la passer ? Ce livre a été écrit pour vous servir de guide.

D'après la Bible, il n'existe que deux destinations possibles pour l'éternité : le ciel ou l'enfer. Ces deux lieux se situent au-delà du temps et de l'espace que nous connaissons, et même au-delà de la troisième dimension dans laquelle nous vivons. Tout ce qu'essaient de décrypter les sciences concerne exclusivement notre monde tridimensionnel. Les réalités de l'au-delà restent hermétiquement fermées à la science. Le seul moyen d'en apprendre plus à ce sujet est de sonder ce qu'en a révélé Dieu dans sa Parole, la Bible. Si nous la rejetons, nous en sommes réduits à tâtonner dans la nuit et à être la proie des erreurs des idéologues et des religions créées de toutes pièces par de simples mortels.

Dans ce livre, la réalité du ciel et de l'enfer va vous être présentée en détail, les deux lieux seront comparés à des situations connues sur notre terre. En prendre conscience est fondamental pour la décision que nous avons à prendre personnellement. Quiconque cherche un nouveau lieu de vacances va tout d'abord collecter autant d'informations que possible sur l'endroit où il va passer trois semaines. Avec combien plus de soin devrions-nous nous occuper de notre demeure éternelle!

D'après la Bible, nous sommes tous, sans exception, coupables devant Dieu. Absolument personne ne peut accéder au ciel escorté de son péché. Nous avons besoin d'un rédempteur qui nous libère de toute culpabilité par le pardon. Il faut impérativement que ce rédempteur remplisse trois conditions :

- il doit être lui-même sans péché
- il doit être un être humain
- il doit aussi être Dieu.

Personne d'autre que Jésus n'a pu remplir ces trois conditions. C'est pourquoi toutes les autres doctrines du salut proposées par les autres religions ne tiennent pas, et Jésus est le seul Sauveur qui ait été donné pour nous ouvrir le ciel.

C'est parce que Dieu éprouve un amour immense pour nous qu'il nous offre ce moyen de salut. Vous aussi, cher lecteur, chère lectrice, vous êtes invité(e) à avoir le ciel pour patrie éternelle. Mais comment y parvenir? C'est ce que ce livre veut vous révéler.

Werner Gitt

1. L'idée de l'éternité

Une fable va nous aider à illustrer la sagesse fondamentale de la Bible :

> *Un jour d'automne, une corneille s'entretenait avec une jeune hirondelle âgée d'un an. La corneille lui dit : "Apparemment, tu te prépares pour un long voyage. Où est-ce que tu vas?" L'hirondelle répondit : "Ici, il va se mettre à faire froid, et ça pourrait me tuer. Alors je pars vers un pays plus chaud." La corneille se moqua d'elle : " mais tu n'y penses pas! Tu viens juste de naître, comment peux-tu savoir qu'il existe loin d'ici un autre pays plus chaud qui t'offre un abri accueillant alors qu'ici il fait froid ?" L'hirondelle répondit : "Celui qui a mis en moi le désir d'un climat chaud ne peut pas m'avoir trompée. Je crois à cet instinct, donc je vais partir." Et l'hirondelle trouva ce qu'elle avait cherché.*

A plus forte raison quand il s'agit de l'homme! Le Psaume 8, 6 décrit la situation de l'homme juste après avoir été créé par Dieu : *"Tu l'as fait de peu inférieur à Dieu, et tu l'as couronné de gloire et de magnificence."* Même après la chute, l'homme a conservé en lui cette pensée de l'éternité. Elle est comme programmée en nous, comme nous le dit déjà l'Ancien Testament dans l'Ecclésiaste 3, 11 : *"Il fait toute chose bonne en son temps; même il a mis dans leur cœur (= le cœur des humains) la pensée de l'éternité"*.

Le témoignage des peuples confirme cette parole biblique. Mais sans la révélation divine, un voile mystérieux recouvre tout ce qui concerne l'éternité. On ne peut que l'effleurer. Les hommes, selon leur culture et leur origine, ont paré cette vague intuition individuelle des mille couleurs de leurs propres représentations. C'est ainsi que les Indiens chasseurs se représentaient l'éternité comme une réserve de chasse d'une richesse sauvage incommensurable. Mahomet, lui, se représentait l'éternité à la manière des nomades arabes. Même le communiste révolutionnaire du Vietnam du Nord, *Ho Chi Minh* (1890-1969), croyait à une vie après la mort. Quand son testament fut lu après son décès devant les instances communistes, on y trouva la phrase : "je m'en vais retrouver les camarades *Marx*, *Lénine*, et *Engels*."

Le créateur a placé en chacun de nous cette notion de l'éternité. De là vient le fait que de nombreux poètes non chrétiens se soient exprimés sur cette aspiration intérieure. Le célèbre poète de la Lande de Lunebourg, *Hermann Löns*, (1866-1914), a évoqué cette nostalgie de l'éternité en ces mots émouvants:

Je connais un pays dans lequel je ne suis encore jamais allé.
Là coule un fleuve aussi clair que le cristal.
Là fleurissent des fleurs au parfum sans pareil
Et leurs couleurs sont si tendres et si fines...
Un oiseau chante dans ce lointain pays,
Il chante un chant qui m'est inconnu.

Je ne l'ai jamais entendu et pourtant je sais à quoi il ressemble.
Et je sais aussi ce que cet oiseau me chante.
Il chante la vie, et il chante la mort,
Les plus grands délices et la plus profonde souffrance,
L'envie du temps, la peine de l'éternité.
Si j'atteins ce pays lointain et étranger,
Alors la vie fleurira dans ma main;
Et sinon, alors l'oiseau chante seulement la mort
Il me chante une vie amère et chargée de peines.

Cette quête de l'Eternité est certes exprimée dans les différentes religions et de nombreux poèmes, mais personne ne peut nous montrer la réalité de l'au-delà, une fois passées les portes de la mort. Ceci est réservé au Dieu vivant de la Bible, lui seul, et à son Fils Jésus-Christ. Jésus seul a pu dire : *"Je suis la vérité"* (Jean 14, 6). C'est pour cela que nous voulons écouter ce qu'Il nous dit, pour avoir des certitudes sur l'éternité.

Tous nos rêves, toutes nos aspirations et toute notre imagination seront toujours impuissants à décrire le ciel. Nous en sommes donc réduits à ce que Dieu nous en dit.

Le verset de 2 Corinthiens 2, 9 explique que nous avons à faire à un "monde" qui, non seulement est au-delà du temps et de l'espace, mais qui est aussi au-delà de tout ce que nous connaissons sur la terre :

> **"des choses que l'œil n'a point vues, que l'oreille n'a point entendues, et qui ne sont point montées au cœur de l'homme, des choses que Dieu a préparées pour ceux qui l'aiment."**

Quand on pourra enfin voir en vrai ce qu'on a cru sans le voir, cela dépassera toute imagination humaine. La reine de Saba, lorsqu'elle a enfin constaté de ses yeux les richesses et la magnificence de Salomon, s'est écriée :

"Et voici, on ne m'a pas raconté la moitié de la grandeur de ta sagesse." (2 Chroniques 2, 9)

Si c'était déjà vrai pour une gloire terrestre, à combien plus forte raison cela sera-t-il le cas pour le ciel!

Même si quelqu'un possédait tous les trésors et richesses de la terre, comme l'honneur, les titres et la dignité, il partirait quandmême les mains vides. Rien ne peut étancher la soif du cœur s'il ne trouve pas en Jésus la vie qu'on ne peut perdre, il reste vide, se sent trahi et en insécurité, et ce, en dépit de tous les trésors humains imaginables. Dieu a placé en nous, dans son ordre créationnel, le désir d'une patrie, d'un foyer. La patrie éternelle et définitive est auprès de Dieu lui-même.

Dans ce monde qui est voué à disparaître, nous n'avons pas de *"cité permanente"* (Hébreux 13, 14). Nous demeurons ici des *"étrangers et voyageurs sur la terre"* (1 Pierre 2, 11), car *"notre cité à nous est dans les cieux*" (Philippiens 3, 20). La Bible nous déclare que le ciel est **le lieu de notre patrie éternelle**.

La situation de l'homme est terrible, parce qu'il ne trouve de repos nulle part et que sa sécurité et sa protection lui ont été enlevées. Même le philosophe nihiliste *Friedrich Nietzsche* (1844-1900), qui a déclaré que Dieu était mort, s'est lamenté comme nul autre sur cette absence de patrie.

> "Le monde – porte béant
> Sur mille déserts muets et glacés!
> Quand on a perdu
> Ce que tu as perdu, on ne trouve plus de havre sûr
> A présent, te voilà, pâle et livide,
> Condamné à errer sous la morsure hivernale,
> Semblable à une fumée
> Aspirant sans cesse à des cieux moins cléments …
> **Malheur à celui qui n'a pas de patrie!**"

Ici, sur notre terre, la patrie, c'est là où l'on est né, où l'on a grandi, où l'on a appris sa langue maternelle, et où l'on a expérimenté la sécurité affective auprès de parents aimants.

Je suis né à Raineck, un tout petit village à l'est de ce qui s'appelait alors la Prusse-Orientale. Là, j'ai vécu une belle enfance insouciante dans la ferme de mes parents. Mais en octobre 1944, nous avons dû quitter cette patrie et fuir précipitamment en charrette à cheval devant la progression inéluctable de l'Armée Rouge vers l'ouest. Depuis la fin de la guerre, cette partie de l'ancienne Prusse-Orientale appartient à la

Russie. Pendant la guerre froide, l'Union Soviétique avait fait de ce territoire une zone militaire interdite à tout Allemand désirant y retourner. A la chute du communisme, la situation changea radicalement. Les portes de cette zone s'ouvrirent soudainement aux visiteurs. Avec mon traducteur Dr. *Harry Tröster* et quelques amis, nous y sommes allés deux fois et avons organisé des campagnes d'évangélisation à Königsberg, l'actuelle Kaliningrad, et d'autres villes aux alentours. La première fois, nous n'avons parlé qu'à Königsberg.

Un jour où nous n'avions pas de réunion prévue, le 9 mai 1994, soit presque 50 ans jour pour jour après notre exode, nous avons essayé de retrouver mon village natal Raineck, environ 125 km à l'est de Königsberg. Ce que nous y avons trouvé fut triste et déprimant. Pas une pierre de ce village n'était restée debout. Un lieu désert s'offrait à nos regards, une steppe sauvage en friche. Le jour suivant, alors que nous continuions l'évangélisation, voici ce que j'ai dit aux Russes qui étaient venus au Eisenbahner Palast :

"Hier nous nous sommes rendus à l'endroit où je suis né. J'y ai vécu jusqu'à mes 7 ans, c'était ma patrie. Maintenant, elle n'existe plus. Et c'est vous à présent qui habitez dans ce pays. Mais même pour vous, ce lieu n'est pas une patrie durable. Quand vous mourrez, vous allez devoir, vous aussi, quitter définitivement cette patrie terrestre. En novembre 1972, j'ai uni ma vie à celle de Jésus-Christ, et il m'a offert une patrie éternelle. C'est pour cela que je vous invite à vous décider, vous aussi, aujourd'hui

même, à accepter dans votre coeur ce Jésus qui vous a préparé une patrie."

Quand la Bible parle de la patrie éternelle, elle décrit plus que ce qui nous relie simplement à nos souvenirs d'enfance, à notre maison familiale, à la musique qui nous berçait alors ou à toutes sortes de particularités de cet endroit qui nous était familier, car tous ces aspects terrestres sont éphémères et disparaîtront un jour.

2. La Bible contient la meilleure des nouvelles, mais aussi la pire

Dans un écrit d'un chrétien, la Bible a été décrite par un commentaire en apparence très positif :

"Dans un monde empli de mauvaises nouvelles, la Bible est la bonne nouvelle par excellence."

J'ai longtemps réfléchi à cette phrase en me demandant si elle était vraiment juste. J'en suis venu à la conclusion qu'elle ne l'était qu'en partie. L' Évangile est la bonne nouvelle pour le pécheur qui accepte le salut. Quand on côtoie les hommes et les femmes qui nous entourent, on sait que la plupart refusent Jésus et son évangile: pour ces personnes, la Bible contient alors vraiment le pire des messages. D'après ce que dit Jésus en Matthieu 7, 13-15, on comprend en effet que cela en concerne la grande majorité:

"Entrez par la porte étroite. Car large est la porte, spacieux est le chemin qui mènent à la perdition, et il y en a beaucoup qui entrent par là. Mais étroite est la porte, resserré le chemin qui mènent à la vie, et il y en a peu qui les trouvent."

Cette phrase de Jésus est-elle une bonne ou une mauvaise nouvelle? D'après la Bible, ne pourront entrer dans le royaume des cieux que ceux qui sont nés de nouveau (Jean 3, 3). Combien seront-ils? Prenons par exemple la France : d'après les statistiques, cela concernerait 1 % de la population, ce qui serait une évaluation très large. Cela signifie que 99 % iraient en enfer! N'est-ce pas là une très mauvaise nouvelle? Même si la plupart ne veulent pas prendre au sérieux les paroles de Jésus, ces paroles constituent une description de la réalité, de la bouche même de Jésus.

Quand nous entendons presque chaque jour parler d'assassinats commis par l'État Islamique en Syrie ou en Irak, ou d'attentats-suicides perpétrés par des commandos islamiques qui veulent emporter dans la mort le plus grand nombre de victimes possible, alors là, oui, on est d'accord : ce sont sans aucun doute de très mauvaises nouvelles. Et pourtant, nous nous pensons intérieurement : "Heureusement, cela ne me concerne pas."

Avons-nous déjà médité sur le fait que cette déclaration de Jésus au sujet de la condamnation dans l'évangile de Matthieu concerne la majorité des citoyens de notre pays? Il s'agit des personnes de notre entourage proche, de ceux à qui nous avons affaire chaque jour : nos voisins, nos collègues de travail, le facteur, la caissière de notre supermarché, la boulangère d'à côté, et même parfois des membres de notre propre famille.

La Bible contient certes la meilleure des nouvelles que nous connaissions et qui ait jamais été annoncée, mais elle contient aussi la pire: la plupart des hommes et des femmes sont sur le chemin large qui mène à la perdition et à l'enfer éternel. Une nouvelle aussi terrible n'a encore figuré dans aucun des journaux de ce monde. Avons-nous déjà considéré ces choses de cette façon?

Mais dans une même phrase se trouvent à la fois la pire des nouvelles, et la meilleure. Au bon moment, nous recevons un avertissement, pour ne pas nous précipiter tête baissée dans le malheur. Voilà ce qu'on entend : "entre par la porte étroite, qui conduit au ciel. Fais-le maintenant, fais-le à l'instant, car demain cela sera peut-être trop tard". Qui a la garantie d'être encore en vie demain? Personne, même pas les plus jeunes. Et la meilleure des nouvelles, c'est que chaque être humain est invité à devenir un citoyen éternel du royaume des cieux. Nous détaillerons au chapitre 5 la beauté de ce lieu et ce qui nous y attend. Et si l'on me demande le but principal de ce livre, la réponse s'impose immédiatement: nous voulons inviter le plus grand nombre possible de lecteurs et lectrices à entrer au ciel. Le chapitre 10 va vous expliquer comment accepter cette offre de façon pratique. Tous les autres textes ont pour but de nous aider à une meilleure compréhension du contexte et à susciter une grande joie à l'idée d'aller au ciel. Pour cela, il est inévitable de parler aussi de l'autre lieu possible, dans cette alternative devant laquelle chacun est placé, pour éviter absolument d'y aller.

Dans les grandes églises, il est malheureusement devenu très impopulaire même de simplement nommer le lieu de la perdition. Les Témoins de Jéhovah et les Adventistes vont même jusqu'à exclure entièrement l'enfer de leur enseignement. Même dans les églises évangéliques libres, on constate cette tendance à ne parler que de l'amour et de laisser de côté au maximum ce qui concerne la perdition éternelle.

Regardons de près l'enseignement de Jésus : Il a souvent parlé de la perdition, que ce soit de manière directe ou indirecte.

"Et si ton œil est pour toi une occasion de chute, arrache-le; mieux vaut pour toi entrer dans le royaume de Dieu n'ayant qu'un œil, que d'avoir deux yeux et d'être jeté dans la géhenne, où le ver ne meurt point, et où le feu ne s'éteint point."
Marc 9, 47-48

"Ne craignez pas ceux qui tuent le corps et qui ne peuvent tuer l'âme; craignez plutôt celui qui peut faire périr l'âme et le corps dans la géhenne."
Matthieu 10, 28

"C'est là qu'il y aura des pleurs et des grincements de dents, quand vous verrez Abraham, Isaac et Jacob, et tous les prophètes, dans le royaume de Dieu, et que vous serez jetés dehors."
Luc 13, 28

Nous pouvons en retenir que **la Bible contient d'un côté la meilleure, mais d'un autre côté aussi, la pire des nouvelles qui puissent exister**.

A nous maintenant de vous fournir les preuves précises de cette affirmation, car de cette décision va dépendre notre sort éternel : soit nous sommes destinés à l'éternité, soit nous courons à la ruine éternelle. Nous pouvons nous représenter le ciel et l'enfer en établissant une comparaison avec la terre.

Avez-vous déjà écrit avec une craie blanche sur une paroi blanche? Évidemment, on n'y voit rien. C'est pour cela que les écoles utilisent des tableaux blancs pour écrire dessus avec des feutres de couleur. Si nous voulons connaître ce qu'est le ciel, alors il nous faut par contraste connaître l'enfer.

A la lumière de ma lecture de la Bible et diverses réflexions, j'ai été amené à formuler deux phrases marquantes:

1 :   il n'y a rien sur la terre qui puisse être comparé à la beauté sublime du ciel
2 :   il n'y a rien non plus sur la terre qui soit aussi terrible et effrayant que l'enfer

Voilà deux images pour étayer mes phrases 1 et 2.

2.1 Comparaison entre la Terre et le Ciel
2.2 Comparaison entre la Terre et l'Enfer

2.1 Comparaison entre la Terre et le Ciel

Je souhaite tout d'abord décrire quelques événements vécus sur terre que nous trouvons exceptionnellement beaux et sources de joie ou de bonheur. Tout le monde ne vit pas forcément les mêmes situations, et ne les vit peut-être pas avec le même enthousiasme que celui qui va être décrit dans ces lignes, mais chacun peut certainement s'imaginer d'autres événements marquants et uniques de sa vie. Je n'en mentionne ici que quelques-uns, mais des plus beaux.

a) Un amour mutuel

Le poète allemand *Friedrich von Schiller* (1759-1805) dépeint dans un style très évocateur l'amour entre deux jeunes personnes.

> *"Oh tendres élans, doux espoirs,*
> *Age d'or du premier amour*
> *L'œil voit le ciel s'ouvrir,*
> *Le cœur se délecte de félicité*
> *Oh qu'il dure à jamais,*
> *Le bel âge du premier amour!"*

Ou alors, pensons à ce poème d'amour bien connu en Prusse orientale, "Ännchen von Tharau", que je considère (très subjectivement) comme le plus beau de tous les poèmes d'amour. Voyez quel amour profond s'y exprime!

> *"Anna de Tharau, voici celle qui m'a charmé.*
> *Elle est ma vie, mon bien et mon trésor.*
> *Anna de Tharau, ma richesse, mon trésor,*
> *Tu demeures en mon âme, ma chair et mon sang !*
>
> *Quels que soient les caprices du temps qui nous blessent,*
> *Nos pensées unies ensemble feront face.*
> *Maladie, tourment, afflictions et peine,*
> *Lieront, telle une chaîne, solidement notre amour.*
>
> *Et si tu devais un jour t'éloigner de moi*
> *Et vivais là d'où le soleil est absent,*
> *Je te suivrais, courant terres et mers,*
> *Bravant fers et cachots, combattant de funestes armées !*
> *Anna de Tharau, ma lumière, mon soleil,*
> *J'unis ma vie à la tienne, et te garde contre moi étroitement enlacée."*

La Bible est un livre remarquable qui s'exprime sur chaque domaine de notre vie. Elle ne va certainement pas exclure la relation d'amour entre deux jeunes personnes. Le Cantique des Cantiques de Salomon en est la preuve. Ce qu'on remarque dans ce livre, c'est qu'il ne parle pas uniquement du bien-aimé, mais que les deux expriment leur amour. Au chapitre 4 de ce livre, on lit aux versets 9 à 11 :

*"Tu me ravis le cœur, ma sœur, ma fiancée,
Tu me ravis le cœur par l'un de tes regards, Par l'un des colliers de ton cou.*

Que de charmes dans ton amour, ma sœur, ma fiancée! Comme ton amour vaut mieux que le vin, Et combien tes parfums sont plus suaves que tous les aromates!

Tes lèvres distillent le miel, ma fiancée; Il y a sous ta langue du miel et du lait, et l'odeur de tes vêtements est comme l'odeur du Liban."

Dans le Cantique des Cantiques, on trouve une autre expression concernant l'amour :

"J'ai cherché celui qu'aime mon âme" (Cantique des Cantiques 3, 1)

Si les jeunes gens voulaient prendre à cœur ce conseil, les couples seraient probablement plus solides. La plupart se focalisent sur le corps de celui qu'ils aiment, sa silhouette, sa couleur de cheveux ou celle de ses (yeux)... Mais c'est du trop court terme. La Bible voit plus loin : c'est l'être tout entier que nous avons à aimer, car le terme "âme" désigne ici tout à la fois l'esprit, l'âme et le corps.

b) La joie d'une femme à la naissance de son premier enfant

Voilà une autre belle situation de la vie qui ne peut être vécue sous cette forme que par une femme.

Pour la première fois, elle tient dans ses bras un petit être qui est né d'elle. Elle regarde et caresse son enfant avec des transports de joie.

c) L'athlète qui gagne une médaille olympique

C'est encore une circonstance que peu d'entre nous peuvent connaître :

Certains se sont entraînés depuis l'enfance avec l'espoir de gagner un jour aux jeux olympiques. Enfin vient le jour tant désiré. La victoire est obtenue, on est arrivé premier. Le vainqueur monte les quelques marches du podium, l'hymne national retentit, on lui tend l'habituel bouquet de fleurs et alors vient ce moment unique: on lui passe la médaille autour du cou. Tout ceci ne dure que quelques minutes, puis la cérémonie se termine, mais pour cet athlète, cela a été le sommet de sa vie.

d) Un scientifique qui reçoit le prix Nobel

Le prix Nobel est la plus haute distinction qu'un scientifique puisse obtenir en récompense de ses travaux de recherche. Peu nombreux sont ceux qui recevront ce prix de la main du roi de Suède. Ce jour-là est, lui aussi, totalement unique et non reproductible.

En ce qui concerne la terre : ces quatre exemples pourraient être échangés avec de nombreux autres possibles, des événements dans le théâtre, la musique ou le sport dont nous gardons encore un souvenir enthousiasmant. Ou bien l'on peut penser à des personnes dont nous disons qu'elles sont extraordinaires. Telles vacances magnifiquement reposantes restent encore dans notre esprit comme un beau souvenir. Tous ces événement font vibrer tout d'abord nos sens, et ensuite nous les serrons dans notre cœur.

Pour le ciel : le ciel, lui aussi, peut, d'après le témoignage biblique, être perçu au moyen de nos sens. Mais il est décrit dans de tels termes, sans commune mesure avec ce qu'on connaît, que personne sur la terre ne peut s'imaginer ce que Dieu prépare pour nous là-haut :

> *"ce sont des choses que l'œil n'a point vues, que l'oreille n'a point entendues, et qui ne sont point montées au cœur de l'homme, des choses que Dieu a préparées pour ceux qui l'aiment."*
> (1 Corinthiens 2, 9)

Le ciel dépasse ainsi tout ce qu'on peut expérimenter ou se représenter ici-bas. Cela confirme la phrase n°1 :

> **Il n'y a rien sur la terre qui puisse être comparé à la beauté sublime du ciel**

2.2 Comparaison entre la Terre et l'Enfer

Nous venons de faire défiler quelques beaux événements de la vie sur cette terre. Mais il existe aussi un revers à cette médaille. Certains événements, certaines circonstances sont si dramatiques qu'on utilise le mot "enfer" pour les décrire dans un sens figuré.

1 - Quelqu'un dont la vie de couple est catastrophique va dire qu'il "vit un enfer".

2 - Un groupe de chercheurs parcourant la jungle amazonienne, attaqué par des moustiques et des serpents et atteint par la malaria, a parlé de "l'enfer vert".

3 - Un chrétien confessant, *Richard Wurmbrand*, a passé 14 ans dans les prisons communistes où il a été torturé à de multiples reprises. A 10 mètres sous terre, il était gardé en isolement total et ne voyait jamais la lumière du jour. Il lui semblait être en enfer, jusqu'au jour où en voyant un pot à eau, il eut une révélation : non, ce n'était pas l'enfer, car en enfer, il n'y a même pas d'eau, puisque la soif vous torture. Une rançon fut payée pour lui plus tard par des chrétiens norvégiens et sa captivité se termina enfin.

4 - Ce qui s'est passé à Auschwitz sous la dictature nazie, principalement à l'encontre des Juifs, mais aussi avec d'autres persécutés, était si terrible qu'on a parlé alors de **"l'enfer d'Auschwitz"**.

On pourrait dresser une liste interminable de nombreuses autres choses terribles qui se produisent chaque jour dans le monde, ne serait-ce que les guerres, les catastrophes, les violences et les abus, les maladies, les morts et les souffrances de toutes sortes. Souvenons-nous aussi :

- du naufrage du Titanic le 14 avril 1912, 1495 morts
- du torpillage du Gustloff le 30 janvier 1945, plus de 9000 morts
- du crash du Concorde à Paris le 25 juillet 2000, 109 morts
- de l'accident d'Eschede avec un train ICE[1] le 3 juin 1998, 101 morts
- de la catastrophe du funiculaire de Kaprun le 11 novembre 2000 dans le tunnel du Kitzsteinhorn, 155 morts

Actes terroristes:

- l'attaque du World Trade Center à New-York le 11 septembre 2001 : a fait environ 3000 morts
- le 23 octobre 2002, 41 terroristes tchétchènes prennent en otage 830 spectateurs du théâtre de Moscou. L'attaque s'est terminée dans un bain de sang où moururent 128 personnes.
- le 11 mars 2004 se produisit en Espagne "la plus grande attaque terroriste de toute l'histoire espagnole". Dans une gare de Madrid, des bombes ont explosé et causé la mort de 192 personnes et de très nombreux blessés ont été déplorés.
- les 7 et 8 janvier 2015 à Paris, lors d'une attaque de terroristes islamiques, 17 personnes ont été assassinées.
- le 19 décembre 2017, sur le marché de Noël de Berlin, une attaque terroriste a fait 12 morts

---

[1] TGV allemand

Remarque : tous ces événements décrits sont d'une extrême gravité et d'une grande cruauté, mais ils auront une fin - comme tout dans ce monde aura une fin. Le bien comme le mal ne durent qu'un temps, puis ils passent.

Mais tous ces événements atroces dont les médias ne cessent de nous parler ne sont en rien comparables aux terreurs de l'enfer. Sinon, Jésus n'aurait pas décrit ce lieu comme suit :

- un lieu de ténèbres (Matthieu 25, 30)
- un lieu de pleurs et de grincements de dents (Matthieu 25, 30)
- un lieu où le ver ne meurt point (Marc 9, 48)
- un lieu où règne un feu inextinguible (Marc 9, 43 + 46)
- un lieu de peine éternelle (Matthieu 25, 46)
- un lieu de condamnation et de perdition (Matthieu 7, 13)

Les **apôtres** aussi décrivent l'enfer de la même manière comme un lieu de ténèbres, de condamnation et de ruine:

- *"... ennemis de la croix de Christ, (...) leur fin sera la perdition"* (Philippiens 3, 18 -19)
- *"...qui plongent les hommes dans la ruine et la perdition"* (1 Timothée 6, 9)
- *"... pour punir ceux qui ne connaissent pas Dieu et ceux qui n'obéissent pas à l'Évangile de notre Seigneur Jésus, ils auront pour châtiment une*

ruine éternelle, loin de la face du Seigneur et de la gloire de sa force" (2 Thessaloniciens 1, 8-9)
- *"... l'obscurité des ténèbres leur est réservée."* (2 Pierre 2, 17)
- *"... enchaînés éternellement par les ténèbres"* (Jude 6)
- *"... subissant la peine d'un feu éternel."* (Jude 7)
- *"... auxquels l'obscurité des ténèbres est réservée pour l'éternité."* (Jude 13)

Quand Jésus ou les apôtres décrivent les situations négatives de la terre, voilà les mots qu'ils utilisent :

- *"Et le monde passe, et sa convoitise aussi"* (1 Jean 2, 17)
- *"Le monde entier est sous la puissance du malin."* (1 Jean 5, 19)
- *"Race incrédule et perverse"* (Luc 9, 41)
- *"Cette génération est une génération méchante"* (Luc 11, 29)
- *"...afin de nous arracher du présent siècle mauvais"* (Galates 1, 4)
- *"Il en sera de même pour cette génération méchante."* (Matthieu 12, 45)
- *"Car quiconque aura honte de moi et de mes paroles au milieu de cette génération adultère et pécheresse..."* (Marc 8, 38)
- *"Vous marchiez autrefois, selon le train de ce monde"* (Éphésiens 2, 2)
- *"...afin que nous soyons délivrés des hommes méchants et pervers"* (2 Thessaloniciens 3, 2)

Ces mots décrivent la situation de notre monde de façon claire et tranchée. Jésus n'a jamais parlé du monde d'une manière aussi solennelle, marquante et insistante que quand il parlait de l'enfer.

Jésus différencie plusieurs catégories parmi les habitants de la terre :

- les bons et les mauvais
- les justes et les injustes
- les enfants de lumière (Jean 12, 36) et les enfants de ce monde (Luc 16, 8)

"Votre Père qui est dans les cieux (...) fait lever son soleil sur les méchants et sur les bons, et il fait pleuvoir sur les justes et sur les injustes." (Matthieu 5, 45)

En enfer, il n'y a plus aucun "bon" ni aucun "juste". Tous ceux qui s'y trouvent sont des condamnés (Marc 16, 16) et des perdus (1 Corinthiens 1, 18; 2 Corinthiens 4, 3)

Aujourd'hui, beaucoup de gens se questionnent sur la souffrance dans le monde. En enfer, ces questions ne cesseront jamais. L'enfer est le lieu de la souffrance et de la détresse sans fin. C'est le lieu de toutes les peines (Luc 16, 24). Comme la souffrance ne s'arrête jamais, l'enfer est le lieu par excellence du désespoir absolu. Aucun répit, aucun apaisement en vue. Pas la moindre lueur d'espérance à l'horizon, car Dieu n'est pas là.

Le savoir peut conduire à une dépression sans fin. De la même façon que le bien dans ce monde est limité et prendra fin un jour, le mal cessera lui aussi. Toute chose, et partant, tout ce qui existe dans notre monde, aura une fin. Ici, tout n'est que passager, alors que de l'autre côté, tout est éternel.

L'enfer est tout aussi éternel que le ciel (Apocalypse 20, 10), comme Jésus l'a enseigné. En Matthieu 25, 41, Jésus nous annonce déjà maintenant ce qu'il dira aux perdus :

"Retirez-vous de moi, maudits; allez dans le feu éternel qui a été préparé pour le diable et pour ses anges."

et dans la dernière phrase de ce chapitre, il est écrit :

"Et ceux-ci iront au châtiment éternel, mais les justes à la vie éternelle."

Cher lectrice, cher lecteur, en lisant ces lignes, vous vous posez certainement quelques questions :

1. Pourquoi Dieu ne peut-il pas laisser entrer tout le monde au ciel, puisqu'il est un Dieu d'amour? (la réponse est dans le chapitre 3)
2. Dieu a-t-il fait quelque chose pour que je n'aille pas à la perdition éternelle? (la réponse est dans le chapitre 4)
3. Si l'enfer existe vraiment, pourquoi n'ai-je pas été averti de quitter le chemin large? (la réponse arrive après ces questions)

4. Si Dieu est un Dieu d'amour, pourquoi permet-il l'enfer? Pourquoi l'enfer existe-t-il en fait? (la réponse est au chapitre 4)

C'est le drame de notre époque : on ne prêche plus dans les églises que ce que les gens ont envie d'entendre. Voilà comment Paul décrit en 2 Timothée 4, 3 un tel comportement : *"Car il viendra un temps où les hommes ne supporteront pas la saine doctrine; mais, ayant la démangeaison d'entendre des choses agréables, ils se donneront une foule de docteurs selon leurs propres désirs."*

Imaginons que nous roulions de nuit sur un grand viaduc qui s'est effondré en son milieu et que nous arrivions de justesse à nous arrêter avant la cassure, que ferions-nous alors? Nous mettrions immédiatement nos signaux de détresse et nous utiliserions tous les triangles de signalisation possibles sur la route pour que personne ne tombe dans l'abîme. Pour avertir de ce danger si urgent, nous nous mettrions même peut-être sur la chaussée et ferions de grands gestes pour dire aux autres de ralentir.

C'est exactement ce que fait Jésus! Il est lui-même la grande lumière destinée à nous prévenir de tomber dans l'abîme. Il vient dans ce monde et nous dit tout ce que nous devons savoir sur cet abîme. En même temps, il nous met en garde avec force :

"Si ton œil droit est pour toi une occasion de chute, arrache-le et jette-le loin de toi; car il est

> *avantageux pour toi qu'un seul de tes membres périsse, et que ton corps entier ne soit pas jeté dans la géhenne. Et si ta main droite est pour toi une occasion de chute, coupe-la et jette-la loin de toi; car il est avantageux pour toi qu'un seul de tes membres périsse, et que ton corps entier n'aille pas dans la géhenne." (Matthieu 5, 29-30)*

Est-ce que le but de Jésus était de faire peur aux gens en agitant le spectre de l'enfer sous leurs yeux? Sûrement pas! Son objectif était toujours de venir en aide à tous. Il appelait ceux qui sont sur le chemin de la perdition à faire demi-tour! Pourquoi donc s'est-il tourné vers Zachée, qui voulait l'observer depuis un sycomore pour être à l'écart des mouvements de la foule? Jésus a vu ce collecteur d'impôts véreux sur la voie de l'abîme, il est allé vers lui et l'a appelé : *"Descends vite, car il faut que je demeure aujourd'hui dans ta maison"* (Luc 19, 15). Jésus est venu pour le sauver et, à la fin de leurs échanges, il constate : *"Aujourd'hui le salut est entré dans cette maison"* (Luc 19, 9). N'est-il pas remarquable qu'à la fin de l'histoire de Zachée, Jésus dise *"car le fils de l'homme est venu chercher et sauver ceux qui étaient perdus"* (Luc 19, 10)?

Toutes les églises devraient être comme des centres d'urgences hospitaliers en situation de catastrophe aiguë. Nous-mêmes aussi devrions être prêts à donner les gestes de "premiers secours" à nos concitoyens dans notre entourage, pour en conduire quelques-uns sur le chemin de la vie. Ceci peut se faire par des discussions, ou en transmettant des messages clairs de la parole sur des CD ou des DVD, ou encore par des invitations à des rencontres bibliques.

3. Pourquoi Dieu ne pourrait-il pas tout simplement accepter tout le monde dans son royaume?

Un jour, après avoir écouté l'une de mes conférences, un jeune homme est venu vers moi, visiblement énervé, un papier à la main. Il avait noté cinq questions pour lesquelles il avait d'urgence besoin d'une réponse. Je constatais qu'il avait vraiment bien suivi tout ce que j'avais présenté- je me réjouis toujours de discuter avec des personnes venant à moi avec des questions auxquelles elles cherchent une vraie réponse. Je n'oublierai jamais l'une de ses questions qui touchait exactement au cœur de la compréhension du salut. Il se faisait ainsi en quelque sorte le porte-parole de nombreuses autres personnes voulant poser la même question fondamentale:

"Si Dieu est tout puissant et qu'il est aussi un Dieu d'amour, comment se fait-il qu'il ne laisse pas tout simplement entrer tout le monde dans son ciel? Il n'a personne au-dessus de lui à qui il doive rendre compte. Pourquoi donc son Fils a-t-il dû mourir sur la croix pour que nous puissions aller au ciel? Pourquoi un engagement aussi immensément grand de sa part? N'y avait-il pas plus simple? Et par-dessus le

marché, cet engagement n'est reçu que par une minorité!"

Cette question exigeante me montra que ce jeune homme voulait vraiment comprendre un peu plus le chemin du ciel et ne pas seulement croire de façon aveugle et irréfléchie. Voilà ce que je lui ai répondu (d'ailleurs, il accepta ma réponse- plus brève que celle présentée ici- qui lui parut soudain évidente, et le soir-même, il se décida à suivre Jésus):

Réponse : si on regarde l'histoire de l'humanité, on se rend compte qu'elle n'est en fait qu'une interminable succession de guerres. Le meurtre fratricide de Caïn sur Abel était le premier d'une accumulation de crimes impossibles à empêcher.

Tout au long des siècles, de cruelles guerres ont été menées et des hommes ont été tués de toutes les manières possibles et imaginables. Les croisades ont laissé derrière elles de profondes traces de sang. Lors de la conquête de l'Amérique, de nombreux peuples ont été tout simplement exterminés, juste pour satisfaire la volonté de puissance et de pouvoir de certains. L'élimination des tribus d'Indiens d'Amérique du nord constitue l'un des plus terribles chapitres de l'histoire de l'humanité.

Lors de la nuit de la Saint Barthélémy (1572), la reine *Catherine de Médicis* a profité de la présence de nombreux protestants au mariage de sa fille *Marguerite* avec le roi *Henri de Navarre* à Paris, pour faire assassiner sauvagement les Huguenots. Entre

2000 et 3000 protestants furent tués à Paris, et en province, entre 12 000 et 20 000.

Avec le progrès technique, c'est toute une machine à tuer qui se met en place. Le XXème siècle a été le théâtre de la plus affreuse course aux enchères à la mort . Lors des deux guerres mondiales, la haine a été prêchée entre les peuples... et pour quel bilan final? 50 millions de morts, une détresse sans nom, des villes et des terres dévastées. Ensuite, le communisme s'est imposé dans de nombreux pays. Le "livre noir du communisme", paru en 1998, avance le chiffre total de 80 millions de morts, victimes de cette idéologie. L'idéologie nazie a élaboré une stratégie d'extermination d'une ampleur jusque-là inconnue, en particulier à l'encontre du peuple juif. Dans les camps de la mort à Auschwitz, Treblinka et autres, 6 millions d'hommes et de femmes ont été exécutés de façon systématique en chambres à gaz, puis brûlés. Cela correspond environ au nombre d'habitants d'Israël en 1998.

Les guerres sont-elles les uniques sources de souffrance et de détresse? En France, encore récemment, un tiers des mariages aboutissait à un divorce. Actuellement, la tendance est plutôt d'un mariage sur 2 qui se termine devant le juge. Dans les autres pays, on peut trouver quelques variantes, mais la tendance générale est la même. Quelle souffrance alors pour les conjoints, et surtout pour les enfants que cela touche! Que de souffrances à endurer jusqu'au divorce!

Prenez n'importe quel quotidien, vous y trouverez chaque jour des articles parlant de corruption, de mensonges, de crimes et de meurtres. Les délits criminels remplissent les pages des magazines. Qu'est-ce qui fait les gros titres? Mensonge et tromperie, divorce et perversité sexuelle.

Le journal d'information allemand "Der Spiegel" (n° 13 du 23.03.1998, p. 234) résumait l'accroissement du mal dans le monde par ces mots:

"Nous nous trouvons à la fin d'un siècle incompréhensible dans sa logique: les avancées techniques, les guerres et les catastrophes ne nous ont pas seulement ouvert les yeux, mais nous ont contraint à voir - non, en fait, ce siècle nous a littéralement découpé les paupières sans aucune pitié, pour que nous soyons obligés de reconnaître directement la terrible inclination naturelle de l'être humain au mal et à la cruauté."

Ce qui peut se résumer en une phrase : nous vivons dans un monde où le mal est le principe moteur et directeur de toute chose.

Mais quelle est la cause de tous ces péchés, qui se dévoilent sous des formes toujours plus variées et en nombre toujours croissant? Tout a commencé avec un seul péché initial dans le jardin d'Éden. Dieu avait donné à l'être humain tout ce dont il avait besoin. Il ne manquait absolument de rien. Et pourtant, l'homme prit position contre le commandement de Dieu. Le malheur de ce monde est venu par un seul péché, qui porte en lui sa propre loi : un péché en entraîne un autre. Nous ne pourrons jamais ne serait-ce qu'approcher l'ampleur de la gravité du péché. Son pouvoir destructeur a une portée toujours plus grave et une puissance sans cesse redoublée.

La Bible dit : *"le salaire du péché, c'est la mort"* (Romains 6, 23). Ceci signifie deux choses : le péché entraîne non seulement la mort physique, biologique, mais aussi - et c'est bien plus grave - la mort éternelle. Cette mort éternelle, ou cette seconde mort (d'après Apocalypse 20, 6) ne signifie pas la fin de l'existence, mais bien plutôt une vie qui continue dans une séparation absolue d'avec Dieu. Tous les aspects négatifs de ce monde, comme la souffrance, le mal, la maladie, la mort, ont fait leur entrée dans le monde tout bonnement à la suite du péché. Il faut encore une fois le souligner : *un seul péché a été la cause première de tout le mal que nous trouvons aujourd'hui dans notre monde.*

Que se passerait-il si Dieu ne tolérait ne serait-ce qu'un seul péché dans son ciel? D'après la loi du péché, le glorieux ciel divin serait lui aussi corrompu par son action dévastatrice. Au lieu de la paix, de la joie et de l'amour, s'établiraient en maître la mort, la maladie et la haine , et le ciel ne serait plus le ciel. Mais pour Dieu, il n'en est pas question!

C'est pour cela que Dieu a décrété que jamais un seul péché, au grand jamais, n'entrerait dans Son ciel - pas même un seul. En Apocalypse 22, 3, la Bible décrit cet état sans péché que nous avons peine à imaginer : "il n'y aura plus de malédiction".

A cause de son action destructrice, le péché ne peut être que profondément détesté par Dieu. Mais Dieu aime tellement l'être humain qu'Il veut quand-même avoir une communion éternelle avec lui. Seulement, le péché barre l'accès du ciel à l'homme, comme nous venons de le voir. Un être humain prisonnier du péché et le Ciel où règne Dieu sont deux choses absolument incompatibles. C'est ce que Jésus a expliqué sous forme de paraboles en Matthieu 22, 11-13. C'est pour cela que celui qui n'avait pas l'habit de noces, non seulement a été chassé du ciel, mais pire encore, a été jeté pour l'éternité dans les ténèbres. Le ciel ne tolère aucun péché ni impureté.

Mais comme nous avons tous péché, Dieu se retrouve devant un grand problème. Le péché ne peut pas être éradiqué de ce monde. Les plus grands efforts religieux ne peuvent effacer ne serait-ce qu'un seul péché. Même avec de bonnes œuvres, impossible de compenser le poids du péché. Dans ces conditions, il ne resterait à l'être humain que la perdition éternelle "loin de la face de Dieu"? Et ce lieu maudit, la Bible l'appelle l'enfer.

Mais ce qu'aucun homme n'aurait imaginé, c'est ce que Dieu a fait pour nous, comme antidote au péché, dans son amour miséricordieux. Il n'y a qu'une seule et unique solution pour effacer le péché : c'est le sang de Jésus. C'est pour cela que le fils de Dieu est venu sur la terre pour vivre pour un temps dans notre monde déchu. A la fin, il a dû mourir sur une croix, alors qu'il était parfaitement innocent. C'était la seule et unique possibilité d'expier nos péchés. Dieu exprime lui-même sa douleur au sujet de ce sacrifice nécessaire : *"Mais tu m'as tourmenté par tes péchés, tu m'as fatigué par tes iniquités."* (Ésaïe 43, 24)

Que reste-t-il donc à faire pour l'homme? Nous ne pouvons *rien* ajouter à l'œuvre rédemptrice de Jésus. Puisque nous avons été créés libres de choisir, aucun de nous ne va recevoir ce salut de façon automatique ou sans l'avoir voulu. C'est notre libre décision de demander le pardon, sur la base du sang versé par Jésus. C'est la seule chose qui nous libère du péché. Alors, la question de savoir si la porte du ciel va s'ouvrir ou se fermer devant moi va dépendre uniquement de ma relation avec la personne de Jésus : *"Celui qui a le Fils* (de Dieu) *a la vie* (éternelle)*; celui qui n'a pas le Fils, n'a pas la vie* (éternelle)*"* (1 Jean 5, 12). Ceci est aussi formulé en Jean 3,36 d'une manière on ne peut plus claire : *"Qui croit au Fils a la vie éternelle, mais qui désobéit au Fils ne verra pas la vie, mais la colère de Dieu demeure sur lui."* (Jean 3, 36)

4. Dieu a-t-il fait quelque chose pour m'éviter de courir à la perdition éternelle ?

Dans ce chapitre, nous allons voir quelle est notre situation devant Dieu : notre état de perdition, mais aussi l'action de Dieu pour nous en sauver. Car oui, la volonté expresse de Dieu, c'est bien que nous accédions au royaume des cieux et que nous ne soyons pas perdus :

"Est-ce que je prends plaisir à la mort du méchant? dit le Seigneur, l'Éternel." (Ézéchiel 18: 23)

Pourquoi veut-il nous sauver? Son seul et unique motif est son amour infini pour nous : *"car Dieu a tant aimé le monde, qu'il a donné son Fils unique, afin que quiconque croit en Lui ne périsse pas, mais qu'il ait la vie éternelle."* (Jean 3, 16)

Par la faute d'Adam, c'est toute l'humanité qui est tombée sous la malédiction du péché et a été bannie loin de Dieu. *"C'est pourquoi, comme par un seul homme le péché est entré dans le monde, et par le péché, la mort, ainsi la mort a passé à tous les hommes, en ce que tous ont péché."* (Romains 5, 12) Le péché a contaminé tous les hommes et les femmes de ce monde. Pas un seul n'a fait exception dans toute l'histoire de l'humanité, comme nous le prouvent plusieurs passages de la Bible :

- *"Il n'y a point d'homme qui ne pèche"* (1 Rois 8, 46)
- *"Et tous, nous sommes devenus comme une chose impure, et toutes nos justices, comme un vêtement souillé."* (Ésaïe 65, 5)
- *"Il ne tiendra nullement le coupable pour innocent."* (Nahum 1, 3)
- *"Car il n'y a pas de différence, car tous ont péché et sont privés de la gloire de Dieu."* (Romains 3, 22b – 23)

4.1 Y a-t-il une solution pour sortir de ce dilemme?

Dans tout l'Ancien Testament, Dieu annonce à travers une longue série de promesses la venue d'un Sauveur. La première de ces promesses est donnée immédiatement après la chute :

"Je mettrai inimitié entre toi et la femme, entre ta semence et sa semence. Elle te brisera la tête et toi, tu lui briseras le talon." (Genèse 3, 15)

Voyons ici juste un extrait des autres promesses:

- *"Réjouis-toi avec transports, fille de Sion, pousse des cris de joie, fille de Jérusalem! Voici, ton **roi** vient à toi, il est juste et apporte le salut, humble et monté sur un âne, et sur un ânon, le petit d'une ânesse."* (Zacharie 9, 9)
- *"Car un **enfant** nous est né, un fils nous a été donné, et la domination reposera sur son épaule,*

on l'appellera Merveilleux, Conseiller, Dieu fort, Père du siècle, Prince de paix." (Ésaïe 9, 5)
- *"La voix de celui qui crie dans le désert: "préparez le chemin de l'Éternel, aplanissez dans le lieu stérile une route pour notre **Dieu.**"* (Ésaïe 40, 3)
- *"Et voici, les jours viennent, dit l'Éternel, où je susciterai à **David** un germe juste, et il règnera en roi, et prospérera et exercera le jugement et la justice dans le pays."* (Jérémie 23, 6b)
- *"Certainement, lui a porté nos langueurs et s'est chargé de nos douleurs, et nous, nous l'avons estimé battu, frappé de Dieu et affligé. Mais il a été blessé pour nos transgressions, meurtri pour nos iniquités, **le châtiment de notre paix a été sur lui** et par ses meurtrissures nous sommes guéris."* (Ésaïe 53, 4-5)

Maintenant nous allons examiner les conditions pour être sauvé :

4.2 Nous devons reconnaître que nous avons besoin d'être sauvés

Quand quelqu'un veut nous sortir d'un marécage, il doit lui-même se tenir hors des sables mouvants, sur la terre ferme. On le voit bien à travers ces quelques exemples du quotidien :

- Si nous sommes **tombés dans des sables mouvants**, impossible de nous libérer par nous-mêmes. Soit quelqu'un nous aide, soit nous mourons.

- Si nous sommes **tombés au fond d'un puits**, nous avons également besoin d'une aide extérieure. Il faut que quelqu'un nous envoie un baudrier attaché à une corde bien solide pour nous remonter à la surface.
- Le 24 octobre 1963, à **Lengede**, non loin de Braunschweig, se produisit **un accident minier** où 129 mineurs perdirent la vie. Cet événement est devenu mondialement célèbre, car 14 jours après la catastrophe, 11 mineurs ont été retrouvés vivants. Un trou a été percé depuis l'extérieur jusqu'à l'endroit, 58 mètres sous terre, où les mineurs avaient pu trouver refuge. Grâce à ce qu'on appelle une bombe de Dahlbusch[2], les mineurs ont été hissés hors de la mine, l'un après l'autre, le 7 novembre 1963.
- Le 12 août 2000, le **sous-marin russe Kursk** sombra par 108 m de fond dans la mer de Barents, c'est-à-dire dans l'océan arctique, à 150 km de son port d'origine Murmansk. C'était le plus grand sous-marin du monde, propulsé par 2 moteurs nucléaires. Mais aucune aide extérieure n'a pu venir les sauver, et les 118 marins ont péri dans leur cercueil d'acier.

Puisque nous tous, tant les hommes que les femmes de ce monde, nous sommes tous pécheurs, il nous est impossible de nous libérer par nous-mêmes. Nous sommes comme assis dans une prison dont nous pouvons uniquement être délivrés par une intervention extérieure. Nous avons donc besoin d'un Sauveur.

---
[2] https://de.wikipedia.org/wiki/Dahlbuschbombe

Le fait que le sauveur soit sans péché est de première importance et se comprend aisément par une comparaison avec la vie quotidienne: celui qui croule lui-même sous les dettes n'a aucun moyen de racheter celles de quelqu'un d'autre.

Nous avons donc trouvé ici la **première condition** que doit remplir un sauveur : il doit être **sans péché**!

4.3 Le péché est arrivé par Adam, le premier homme

Le péché est entré dans le monde par l'intermédiaire d'Adam. C'est pour cela que le rédempteur devait aussi être un homme comme nous. *"Lorsque les temps ont été accomplis, Dieu a envoyé son Fils, né d'une femme, né sous la loi, afin qu'il rachetât ceux qui étaient sous la loi, afin que nous reçussions l'adoption."* (Galates 4, 4-5) ou en version français fondamental : *"mais quand le moment décidé par Dieu est arrivé, Dieu a envoyé son Fils. Il est né d'une femme, il a vécu sous la loi de Moïse. Il est venu pour rendre la liberté à ceux qui vivent sous la loi et pour faire de nous des enfants de Dieu"*. Le Sauveur devait lui aussi devenir homme et, tout comme nous, être exposé à la puissance du péché. Il fallait qu'il porte lui-même, à notre place, le poids du jugement de Dieu sur le péché. *"La loi de Moïse ne pouvait pas faire cela, parce que la faiblesse des êtres humains l'a empêchée d'agir. Mais Dieu a pu le faire : il a envoyé son Fils dans un corps semblable à celui des pécheurs pour les libérer du péché. Par-là, Dieu a condamné le péché qui agit dans les êtres humains.*" (Romains 8, 3, Parole de Vie). Voilà donc **la deuxième condition** que doit remplir le sauveur: **il doit être un être humain**!

4.4 Le péché mène inévitablement au châtiment éternel

Sur le plan humain, ne pas respecter la loi est sanctionné comme suit :

- Se garer au mauvais endroit: amende de 35 €
- Griller un feu rouge: 90 € d'amende et 4 points en moins sur le permis français
- Délit de fuite après avoir causé un accident: jusqu'à 75000 € d'amende et 3 ans d'emprisonnement; retrait de 6 points sur le permis de conduire; annulation du permis pendant 3 ans minimum, obligation d'accomplir un stage de sensibilisation à la sécurité routière ; confiscation du véhicule utilisé pour commettre le délit de fuite; Versement de dommages et intérêts aux victimes de l'accident.
- Pour tout chantage, meurtre, ou autres délits graves: la prison est inévitable. Pour un meurtre, le risque, c'est la prison à perpétuité, ou même dans certains pays, comme les USA, la peine de mort.

Ces exemples soulignent trois principes juridiques :

- Plus le méfait est grave, plus la punition est sévère.

- La justice diffère d'un pays à l'autre.
- Toutes les sanctions dans notre monde – y compris la peine de mort – n'ont qu'une portée temporelle. Quand on paie son amende, la faute sanctionnée par l'infraction est effacée et l'on en est libéré. Quand on effectue une peine de prison, il arrive immanquablement un jour où la peine arrive à son terme et où l'on est libéré.

Tous ces concepts juridiques qui déterminent les sanctions prévues pour les infractions à la loi se révèlent incapables de régler la peine prononcée par Dieu contre le péché. En effet, il faut bien comprendre ceci :

- D'après la loi de Dieu, la punition du péché, c'est la mort. *"Car le salaire du péché, c'est la mort"* (Romains 6, 23). Mais, heureusement, ce verset ne s'arrête pas là : *"mais le don gratuit de Dieu, c'est la vie éternelle en Jésus Christ notre Seigneur."*
- Un seul péché nous rend automatiquement coupable devant Dieu, comme Jésus l'enseigne sur le Sermon sur la montagne : *"celui qui dira à son frère : Insensé! mérite d'être puni par le feu de la géhenne."* (Matthieu 5, 22). Est-ce que nous comprenons bien cela? Un seul et unique péché entraîne la punition éternelle. Prenons l'image d'une chaîne pour illustrer cette réalité : quand un seul de ses maillons se rompt, c'est toute la chaîne qui devient inutilisable.
- Si quelqu'un s'efforçait d'observer absolument tous les commandements de Dieu et désobéissait

juste sur un seul point, pour Dieu, ce serait comme s'il avait enfreint tous les autres. "Car quiconque observe toute la loi, mais pèche contre un seul commandement, devient coupable de tous." (Jacques 2, 10)

- La justice de Dieu est la même pour tous les hommes et les femmes de ce monde. Il n'y a pas de différence entre les pays ou les situations à ses yeux. Personne ne peut être ni avantagé, ni défavorisé, d'après le principe de Romains 2, 11-12: *"Car devant Dieu il n'y a point d'acception de personnes. Tous ceux qui ont péché sans la loi périront aussi sans la loi, et tous ceux qui ont péché avec la loi seront jugés par la loi."*
- Contrairement aux peines de justice humaines qui sont limitées dans le temps, le péché entraîne avec lui une peine éternelle. Il faut absolument que nous gardions bien ce point en tête! C'est l'un des principes peut-être les plus difficiles à accepter pour nous les êtres humains. Les doctrines inventées par les hommes, telles que le pardon universel ou le purgatoire, sont au final l'expression d'une rébellion contre la justice de Dieu. On ne veut pas accepter que le péché soit dirigé contre le Dieu saint et éternel et qu'une punition éternelle lui soit associée. *"Et ceux-ci iront au châtiment éternel, mais les justes à la vie éternelle."* (Matthieu 25, 46)

Souvent, on trouve que ce dernier point du système juridique de Dieu est très dur et cela nous choque, mais il n'y a rien à objecter à cela. Nous nous trouvons un peu dans la situation du fils prodigue qui court tout droit à sa perte.

Dieu déchaîne certes sa colère contre le péché, mais il veut faire grâce au pécheur qui se tourne vers lui. Le prophète Ésaïe déjà, en son temps, annonçait la miséricorde de Dieu :

"Mais tu m'as tourmenté par tes péchés, tu m'as fatigué par tes iniquités. C'est moi, moi qui efface tes transgressions pour l'amour de moi, et je ne me souviendrai plus de tes péchés." (Ésaïe 43, 24b, 25)

Les scribes ont d'ailleurs avec raison ajouté : *"Qui peut pardonner les péchés, si ce n'est Dieu seul?"* (Marc 2, 7b)

D'après les normes de Dieu, la punition éternelle est juste, même si elle est aux antipodes de notre propre ressenti de justice. On constate ici que nos pensées ne sont pas en accord avec celles de Dieu et que ses voies sont plus élevées que les nôtres (Ésaïe 55, 8-9). Remplis de crainte respectueuse devant le Dieu vivant, nous avons reconnu que nous avions besoin de lui, lui qui veut nous libérer de tout péché par grâce et pardonner notre faute. Sinon, nous sommes perdus à jamais. Nous devons absolument trouver celui qui assure le pardon, et ce, uniquement par grâce. Et cela, il n'y a qu'un Dieu qui puisse le faire. Alors voilà la **troisième condition** que doit remplir le Sauveur : **il doit être Dieu**!

4.5 La solution

Voilà donc les trois conditions que doit remplir le Sauveur (l'ordre a maintenant changé!) :

N°1: **Il doit être un homme!**
N°2: **Il doit être Dieu!**
N°3: **Il doit être sans péché!**

Comment est-il possible de réunir en une seule et même personne ces trois conditions indispensables? En procédant par élimination, on en arrive aux conclusions suivantes :

- Le Sauveur ne peut pas être l'un de nous, car alors il ne remplirait que la première condition. Nous sommes en effet pécheurs, et nous ne sommes pas Dieu non plus.
- C'est aussi impossible qu'il soit un ange, car les anges ne remplissent que la condition n°3 – ils sont sans péché – mais ce ne sont pas des êtres humains, et ils ne sont pas Dieu non plus.

Seul Dieu, le Tout-puissant, a pu résoudre cette équation apparemment insoluble. En Luc 1, 37, on peut lire : *"Rien n'est impossible à Dieu"*. A quoi ressemble alors la solution divine? Voilà une question passionnante! Aucun être humain n'aurait pu l'imaginer. Seul Jésus-Christ, et Lui seul remplit les trois conditions dont nous venons de parler.

4.5.1 Le Sauveur doit être un être humain

Si le Sauveur doit être un homme, il doit nécessairement être né d'une femme. C'est ce que nous lisons en Galates 4, 4 : *"lorsque les temps ont été accomplis, Dieu a envoyé son Fils, né d'une femme"*. Celle que Dieu a choisi pour cette tâche, c'est Marie, une femme bien particulière qui vivait dans une obéissance exemplaire envers son Dieu. C'est ce que nous prouvent les quelques rares passages qui parlent de Marie :

"Je suis la servante du Seigneur; qu'il me soit fait selon ta parole!" (Luc 1, 38)
"Mon âme exalte le Seigneur." (Luc 1, 46)
"Faites ce qu'il vous dira." (Jean 2, 5)

Alors que la plupart des disciples ont fui lors de la crucifixion de Jésus, Marie est restée près de lui. Et Jésus l'a alors confiée à Jean par ces mots : *"Voilà ta mère."* (Jean 19, 27)

4.5.2 Le Sauveur doit être Dieu

Comment ces deux conditions peuvent-elles aller de pair? Le Nouveau Testament nous décrit ce mystère de la cohabitation de l'humain et du divin en un seul, Jésus : (Luc 1, 35) *"Le Saint Esprit viendra sur toi, et la puissance du Très Haut te couvrira de son ombre. C'est pourquoi le saint enfant qui naîtra de toi sera appelé Fils de Dieu."* Ainsi, Jésus est le seul homme à avoir eu une mère, mais pas de père humain. Il était à la fois homme et Dieu en même temps. La lettre de Paul aux Philippiens exprime très bien le fait que Dieu est devenu homme :

"Lui qui, existant en forme de Dieu, (...) s'est dépouillé lui-même, en prenant une forme de serviteur, en devenant semblable aux hommes, et ayant paru comme un simple homme." (Philippiens 2, 6-7)

Jésus était donc, pendant son séjour sur la terre, à la fois **vrai homme** et **vrai Dieu**. Il était le *Fils de Dieu* et en même temps, le *fils de l'homme* :

- Il a été fatigué après une journée épuisante (Jean 4, 6)
- Il a eu faim et soif (Matthieu 21, 28; Jean 19, 28)
- Son esprit pouvait être troublé (Jean 13, 21)
- Il a dû laver ses pieds couverts de poussière (Luc 7, 44)
- Il a utilisé un âne pour se déplacer (Jean 12, 14)

Et en même temps, il était le *fils de Dieu* et a pu dire en tant que tel :

"Celui qui m'a vu, a vu le Père!" (Jean 14, 6)

Les paroles citées précédemment de Philippiens 2, 6-7 nous attestent que Jésus est venu à nous en tant qu'homme, et qu'il était aussi en même temps Dieu : "existant en forme de Dieu, il n'a point regardé comme une proie à arracher d'être égal avec Dieu, mais s'est dépouillé lui-même, en prenant une forme de serviteur, en devenant semblable aux hommes; et ayant paru comme un simple homme." D'après ce verset, on comprend que Jésus a renoncé à sa totale égalité avec Dieu et à sa toute-puissance pendant qu'il était sur la terre, c'est-à-dire qu'il ne s'en est pas servi. Il s'est donné, tout en restant sous la pleine dépendance de son Père qui agissait par son intermédiaire. C'est pourquoi nous lisons en Actes 2, 22 : *"Jésus de Nazareth, cet homme à qui Dieu a rendu témoignage devant vous par les miracles, les prodiges et les signes qu'il a opérés par lui au milieu de vous."* Et dans l'évangile de Jean, on voit Jésus insister plusieurs fois sur le fait qu'il ne peut rien faire sans son Père (Jean 5, 19 + 30; 8, 28; 12, 49; 14, 10). *Mais avec son Père, il pouvait tout faire :*

- Il a pu ordonner au violent orage et aux vagues du lac de Génésareth de se calmer.
- Il pouvait marcher sur l'eau sans couler.
- Il pouvait multiplier du pain et transformer de l'eau en vin.
- Il a ressuscité des morts.
- Il pouvait guérir n'importe quelle maladie et chasser des démons.

Il était le seul à pouvoir dire :

- *"Tout pouvoir m'a été donné dans le ciel et sur la terre."* (Matthieu 28, 18)
- *"Je suis le commencement et la fin (...) celui qui est, et qui était, et qui vient, le Tout-Puissant."* (Apocalypse 1, 8)
- *"Je suis la résurrection et la vie."* (Jean 11, 25)
- *"Je suis la porte"* et par cette expression, il voulait parler de la porte du ciel! (Jean 10, 7)

Sa toute-puissance de fils de Dieu, il ne l'a jamais utilisée pour lui-même, pour en jouer ou pour en faire un spectacle. Sur la croix, quand il éprouva une soif terrible, il aurait pu appeler à son secours une myriade d'anges, mais il renonça à utiliser sa puissance pour lui-même.

4.5.3 Le Sauveur doit être sans péché

La Bible enseigne que le **Seigneur Jésus était sans aucun péché**. On voit que chacun des différents apôtres le constate, chacun à sa manière et selon son tempérament :

Jean était le disciple dont la pensée était marquée d'une grande profondeur et d'une grande sagesse. Le Seigneur l'a donc utilisé pour montrer l'essence même de Dieu : Dieu est Esprit (Jean 4, 24), Dieu est lumière (1 Jean 1, 5), Dieu est amour (1 Jean 4, 8). On comprend donc que cet apôtre décrive le péché comme quelque chose d'étranger à la vie de Jésus : *"Il n'y a point en lui de péché."* (1 Jean 3, 5)

Pierre, le pécheur originaire de Galilée, nous apparaît toujours dans le Nouveau Testament comme un homme d'action. L'évangile de Marc, où Pierre est souvent cité, est ainsi appelé l'évangile de l'action. Cela correspond à la personnalité de Pierre de s'exclamer, lorsqu'en regardant Jésus agir, il se rend compte de sa sainteté : *"Lui qui n'a point commis de péché."* (1 Pierre 2, 22)

Paul était quelqu'un de très instruit, il avait étudié auprès du docteur Gamaliel qui était très célèbre à l'époque (Actes 22, 3). En tant qu'homme de science, la connaissance a un rôle essentiel à ses yeux, alors il parle de Jésus comme *"celui qui ne connaissait pas le péché."* (2 Corinthiens 5, 21)

En résumé :
Nous pouvons donc être certains de ces choses: Jésus est le seul et unique Sauveur envoyé par Dieu. Il remplit toutes les conditions requises par Dieu et c'est pour cela qu'il a pu dire : *"Je suis venu appeler les pécheurs."* (Matthieu 9, 13b). Plusieurs passages du Nouveau Testament attestent qu'on ne peut être sauvé que par lui :

"Je suis le chemin, la vérité et la vie. Nul ne vient au Père que par moi." (Jean 14, 6)

"Il n'y a de salut en aucun autre; car il n'y a sous le ciel aucun autre nom qui ait été donné parmi les hommes, par lequel nous devions être sauvés." (Actes 4, 12)

"Celui qui croit au Fils a la vie éternelle; celui qui ne croit pas au Fils ne verra point la vie, mais la colère de Dieu demeure sur lui." (Jean 3, 36)

"Et voici ce témoignage, c'est que Dieu nous a donné la vie éternelle, et que cette vie est dans son Fils. Celui qui a le Fils a la vie; celui qui n'a pas le Fils de Dieu n'a pas la vie." (1 Jean 5, 11-12)

"Celui qui écoute ma parole, et qui croit à celui qui m'a envoyé, a la vie éternelle et ne vient point en jugement, mais il est passé de la mort à la vie." (Jean 5, 24)

"Quiconque invoquera le nom du Seigneur sera sauvé." (Romains 10, 13)

"Car c'est en croyant du cœur qu'on parvient à la justice, et c'est en confessant de la bouche qu'on parvient au salut." (Romains 10, 10)

5. Quelques caractéristiques du ciel

5.1 Le ciel : l'endroit où règne l'amour éternel

Dans son essence même, Dieu est amour, c'est pourquoi le ciel est le lieu de l'amour éternel. La foi, l'espérance, l'amour, voilà les trois préoccupations d'un chrétien, *"mais la plus grande, c'est l'amour"* (1 Corinthiens 13, 13). La foi cessera, car elle se transformera en vue. L'espérance aussi va prendre fin, parce qu'elle se réalisera dans l'éternité, mais *"l'amour ne finit jamais"* (1 Corinthiens 13, 8). Le plus grand amour, c'est celui du Seigneur qui, étant lui-même Dieu, s'est fait homme et est allé jusqu'à mourir à la croix à notre place, pour nos péchés. *"Il n'y a pas de plus grand amour que de donner sa vie pour ses amis"* (Jean 15, 13). Et il nous a transmis ce même commandement d'aimer. Qui cela? La palette est large! Elle va de ses plus proches amis jusqu'à ses ennemis même! Personne ne peut être chrétien s'il n'aime pas Jésus de tout son cœur. Le Seigneur nous donne un signe de reconnaissance : *"Si quelqu'un m'aime, il gardera ma parole"* (Jean 14, 23). A Pierre, Jésus n'a pas demandé s'il avait beaucoup de connaissances ou s'il était éloquent, mais juste s'il l'aimait : *"Pierre, m'aimes-tu?"* (Jean 21, 17). Les hommes peuvent facilement abandonner ce qu'ils apprécient, mais jamais ce qu'ils aiment vraiment profondément. Ils peuvent renier ce dont ils sont convaincus intellectuellement, mais jamais ce qui est profondément inscrit dans leur cœur. Le prédicateur du Réveil *Charles Haddon Spurgeon* (1834-1892) recommandait à ses auditeurs : "tant que vous vivez, faites tout par amour pour Christ. Laissez vos doigts agir par amour, votre cerveau penser par amour, vos yeux voir par amour, vos mains agir avec amour, combattez par amour, priez par amour, parlez par amour, vivez par amour!"

Le ciel est le lieu de l'amour parfait. Dieu lui-même est l'amour personnifié et tout son ciel est rempli de Sa présence. On a demandé un jour à un petit garçon ce qu'était le ciel, et sa réponse montra sa juste compréhension de l'essence même du ciel : "c'est là où tout le monde aime tout le monde!"

5.2 Le ciel – le lieu de la beauté

Dans le Sermon sur la montagne, Jésus a dit au sujet de la création : *"considérez comment croissent les lis des champs : ils ne travaillent ni ne filent; cependant je vous dis que Salomon même, dans toute sa gloire, n'a pas été vêtu comme l'un d'eux"* (Matthieu 6, 28-29). Dans son amour pour la beauté, le créateur a conçu des merveilles qu'aucun homme ne pouvait concevoir. Dieu est donc à l'origine de toute beauté.

Après de nombreuses souffrances, Dieu a béni Job : *"Il eut sept fils et trois filles : il donna à la première le nom de Jemima* (colombe), *à la seconde celui de Ketsia* (casse, ou parfum inimitable), *et à la troisième celui de Kéren Happuc* (flacon de nard). *Il n'y avait pas dans tout le pays d'aussi belles femmes que les filles de Job.* (Job 42, 13-15). La beauté des filles de Job est particulièrement mise en valeur. Elles auraient gagné aujourd'hui le concours de "Miss Monde"!

Le Psaume 45, 3 dit au sujet de Jésus, le créateur de toute chose : *"Tu es le plus beau des fils de l'homme, La grâce est répandue sur tes lèvres : C'est pourquoi Dieu t'a béni pour toujours."*

Mais sur la croix, il fut livré au péché des hommes et offert en sacrifice. Il a été dépouillé également de Sa beauté extérieure, comme on le lit en Ésaïe 53, 2 : *"Il n'avait ni beauté, ni éclat pour attirer nos regards, et son aspect n'avait rien pour nous plaire."*

Mais de toute éternité, Jésus est décrit comme beau et parfait. En Ésaïe 33, 17, on lit : *"Tes yeux verront le roi dans sa magnificence."* Le cantique célèbre en allemand *"Schönster Herr Jesu"* relève de façon particulière cet aspect de Jésus (cantique de 1677, 2eme strophe, de *Hoffmann v. Fallersleben*, 1842)

Seigneur Jésus, toi le plus beau, souverain de tout l'univers, fils de Dieu et Marie. Je veux t'aimer, je veux t'honorer, toi qui fais la joie et la couronne de mon âme.

Les champs sont beaux, les forêts sont encore plus belles dans le beau temps de printemps. Mais Jésus est plus beau, Jésus est plus pur, il réjouit notre cœur triste.

Le soleil brille magnifiquement, la lune brille encore plus magnifiquement, et les étoiles tout autour. Mais Jésus brille d'une plus grande beauté encore, d'une plus grande pureté, plus que tous les anges du royaume céleste.

Toute la beauté du ciel et de la terre est rassemblée en toi seul. Rien sur terre ne devrait m'être plus cher que d'être à toi, Jésus, le plus beau.

Si cette création terrestre nous manifeste déjà l'amour de Dieu pour la beauté à travers chaque flocon de neige, un lys, une orchidée, les innombrables autres fleurs, ou les plumages chatoyants de certains oiseaux, ou à travers les ailes de papillon multicolores aux variations infinies, combien plus sera-ce vrai dans le ciel! La beauté en sera vraiment l'une des caractéristiques principales!

Bien des gens recherchent la beauté. La chirurgie esthétique, qui remodèle les visages et essaie de corriger ou améliorer les traits par des opérations médicales, connaît une expansion sans précédent. Cette industrie, spécialisée dans la conception de produits qui prétendent entretenir ou parfaire la beauté, a un avenir pour l'heure bien assuré. Et pourtant : la plus magnifique reine de beauté elle-même perd un jour de sa splendeur. Ici-bas sur cette terre, tout est fondamentalement éphémère (Romains 8, 20).

Au 19ème siècle, on disait que l'impératrice d'Autriche *Sissi* (1837-1898) était la plus belle femme d'Europe. Mais elle était tellement obsédée par son apparence qu'elle interdit qu'on la peigne ou qu'on la prenne en photo après son 30ème anniversaire. L'auteur *Annelie Fried* écrit : "les présentatrices télé atteignent à 40 ans l'heure du déclin, car après cette date, toute la nation, devant la télé, se met à compter leurs rides."

Quant au ciel, c'est là où la beauté ne se flétrit pas. Tous ceux qui y seront entrés seront beaux pour toujours. D'après le Nouveau Testament, nous serons rendus semblables à Jésus (1 Jean 3, 2), ce qui englobe aussi sa beauté, bien évidemment . Le désir profondément humain d'aspirer à l'éternelle jeunesse est bien trop étriqué pour pouvoir être mesuré à cet idéal céleste.

5.3 Le ciel – une fête sans fin

Comment vous préparez-vous à une fête? La cérémonie annuelle de remise des Oscars en 1998 eu lieu à Los Angeles le 23 mars. C'était un festival de cinéma auquel étaient conviés les anciens lauréats, les sponsors et de nombreux spectateurs. Le film "Titanic" remporta 11 oscars, ce qui lui permit d'égaler le palmarès précédent, à savoir, celui du film "Ben Hur", sans le dépasser toutefois. Un magazine décrit le stress de cette soirée :

"Trois mois avant : réserver une date chez le coiffeur.
Un mois avant : rendez-vous chez l'esthéticienne.
Dix jours avant : coupe de cheveux.
Trois jours avant : auto-bronzage
Le jour J :

Le matin : séance de gymnastique, douche, lavage de cheveux, repas léger.
A midi : attendre le coiffeur
Après-midi : passage du visagiste
A 16 heures pile : les invités doivent être à l'auditorium.
Puis les portes se ferment et les dés sont jetés : "Les nominés sont..."

Comme le montre cet exemple, certains sont capables de se préparer pendant des mois en engageant de nombreuses dépenses pour une fête qui ne va durer que quelques heures. Le principal, c'est apparemment d'être beau ! Mais dans ce monde, tout passe et la beauté physique disparaît. Les efforts de certains pour combattre les outrages du temps et retoucher artificiellement leur corps s'intensifient avec l'âge. Au ciel, tout cela sera superflu, car nous serons tous beaux ! Plus exactement : nous serons tous parfaits.

Dans l'Ancien Testament, on trouve une description de Jésus : *"L'Éternel règne, il est revêtu de majesté"* (Psaume 93, 1). Il est le *"Seigneur de gloire"* (Jacques 2, 1). Quand il reviendra, Jésus apparaîtra dans toute sa puissance et sera visible dans toute sa gloire. (Matthieu 24, 30). En Jean 17, 22, Jésus demande à son père : *"Je leur ai donné la gloire que tu m'as donnée."* Au ciel, cela sera une réalité pour nous aussi. Redoubler d'efforts pour faire meilleure figure ne sera plus du tout nécessaire.

Mais un problème subsiste : Comment Dieu s'y prendrait-il nous faire comprendre, à nous qui sommes si limités, la gloire et le caractère festif de son ciel? Jésus le fait par une parabole : *"le royaume des cieux est semblable à un roi qui fit des noces pour son fils"* (Matthieu 22, 2). Le mariage est une des plus belles fêtes qui existent sur la terre. Tout est préparé avec soin jusque dans les plus moindres détails :

- Les proches sont invités
- On prépare le meilleur repas et les meilleures boissons
- On s'entretient de façon amicale avec chacun
- Dans les conversations, on ne parle pas de problème aucun.
- La mariée s'est parée comme jamais.
- Tout le monde est de bonne humeur.

C'est par cette image, qui pour nous est facile à comprendre, que Jésus cherche à nous expliquer ce que sera le ciel, le lieu où va se dérouler une fête de mariage extraordinairement belle. Le dernier soir, il dit à ses disciples : *"Je vous le dis, je ne boirai plus désormais de ce fruit de la vigne, jusqu'au jour où j'en boirai du nouveau avec vous dans le royaume de mon Père"* (Matthieu 26, 29). Lors de notre vie terrestre, nous ne goûterons jamais de vin aussi bon que le vin du ciel. Au ciel, l'on mangera aussi – j'en suis absolument sûr! – Comment sinon devrions-nous comprendre les versets de Luc 12, 37? "Il (Jésus) se ceindra, les *(Ses élus) fera mettre à table, et s'approchera pour les servir."*

Nous pouvons être sûrs que la table sera bien garnie. Les mots "mets délicats" et "plats délicieux" sont des mots humains bien trop faibles pour décrire la réalité céleste. Mais ce qui en ressort, c'est bien qu'au ciel, c'est la fête.

Et maintenant, voici la surprise : le ciel n'est pas seulement *comparé à* un mariage, mais il va *vraiment y avoir la célébration d'un vrai mariage*, comme on le voit en Apocalypse 19, 7 : *"Réjouissons-nous et soyons dans l'allégresse, et donnons-lui gloire; car les noces de l'agneau sont venues, et son épouse s'est préparée."* Jésus lui-même est l'époux, et l'épouse est constituée de tous ceux qu'il a sauvés.

Les invités peuvent s'estimer heureux : *"Heureux ceux qui sont appelés au festin des noces de l'agneau"!* (Apocalypse 19, 9). Dans la parabole du Fils Prodigue, on lit : *"Et ils commencèrent à se réjouir."* (Luc 15, 24). Au ciel, la joie ne cessera jamais, et tant que nous serons sur la terre, nous serons incapables même d'imaginer la portée et la profondeur de cette joie!

5.4 Le ciel, le lieu où est Jésus

Il existe de nombreuses histoires de rencontres ayant entraîné des conséquences marquantes. On doit par exemple l'invention de la porcelaine à la rencontre entre le physicien *Ehrenfried Walther von Tschirnhaus* (1651-1708) et le chimiste *Johann Friedrich Böttcher* (1682-1719). Mais encore de nos jours, peut jaillir d'une rencontre imprévue quelque chose de spécial, surtout quand on reconnaît que Dieu a conduit cette rencontre. Deux personnes se rencontrent, sans s'être jamais vues auparavant. Elles s'entendent sur une chose et agissent en conséquence. Cela peut avoir un grand impact par la suite.

Mais la rencontre dont les conséquences auront la plus grande portée, c'est celle entre Dieu et l'homme. L'homme trouve en Jésus la vie qui dure éternellement. La Bible nous en cite de nombreux exemples. C'est ce qu'a vécu par exemple Zachée, le chef des collecteurs d'impôts de Jéricho, qui est passé du statut d'escroc à celui d'enfant de Dieu (Luc 19, 1-10). Le ministre des finances d'Éthiopie, quant à lui, était venu chercher Dieu à Jérusalem et le trouva en la personne de Jésus dans le désert, sur le chemin du retour (Actes 8, 26-39). Après avoir reçu la certitude de son salut il a continué son chemin "tout joyeux". D'impitoyable persécuteur des chrétiens qu'il était, Saul lui, est devenu, grâce à Jésus, le plus grand missionnaire de tous les temps. Chacun peut faire cette expérience à sa manière en se confiant en Jésus. Celui qui ose aujourd'hui rencontrer Jésus gagne le ciel.

En Jean 17, 24 Jésus prie son Père : "*Père, je veux que là où je suis, ceux que tu m'as donnés soient aussi avec moi.*" C'est dans le ciel que cette prière sera exaucée. Nous serons pour toujours avec lui. Ce sera un moment d'admiration à couper le souffle lorsque notre foi sera changée en vue. En arrivant à la cour de Salomon, la reine de Saba s'était écriée : "*Et voici, on ne m'a pas raconté la moitié de la grandeur de ta sagesse!"* (2 Chroniques 9, 6). Combien plus alors à notre arrivée dans le royaume de Dieu! Ici, nous avons encore de nombreuses questions auxquelles nous cherchons instamment une réponse. Mais auprès de Jésus, tout s'éclairera : *"En ce jour-là, vous ne m'interrogerez plus sur rien"* (Jean 16, 23).

Dans la présence de Dieu et de Jésus, *"il n'y aura plus de nuit"* (Apocalypse 22, 5). Nous n'aurons plus besoin de dormir non plus. Le soleil brillera pour l'éternité. Ce ne sera plus un corps céleste qui nous enverra sa lumière, car aucun objet créé ne peut briller éternellement. Ce sera tout différent: *"la gloire de Dieu l'éclaire et l'Agneau (Jésus) est sa lampe"* (Apocalypse 21, 23).

Ésaïe avait déjà entrevu de manière prophétique ce soleil éternel dans le monde de Dieu : *"Ce ne sera plus le soleil qui te servira de lumière pendant le jour, ni la lune qui t'éclairera de sa lueur; mais l'Éternel sera ta lumière à toujours, Ton Dieu sera ta gloire, ton soleil ne se couchera plus"* (Ésaïe 60, 19-20a).

Chaque année, des milliers d' "adorateurs du soleil" se pressent sur des plages bondées pour profiter d'un soleil ardent. La plupart repartent avec un coup de soleil et s'exposent au risque d'un cancer de la peau, ils se précipitent sur les crèmes solaires possédant un indice élevé de protection. Mais le soleil éternel, lui, sera inoffensif et ne brûlera personne. Ce ne sera ni une fournaise ni une chaleur nuisible (Apocalypse

7, 16) comme on peut la connaître dans les déserts de cette terre.

5.5 Au ciel, nous serons rendus semblables à Jésus

J'ose à peine le dire, mais il est écrit en 1 Jean 3, 2 : *"Bien-aimés, nous sommes maintenant enfants de Dieu, et ce que nous serons n'a pas encore été manifesté; mais nous savons que, lorsque cela sera manifesté, nous serons semblables à lui, parce que nous le verrons tel qu'il est."*

Que signifie cela? Dans la création, l'homme a certes été fait à l'image de Dieu, mais cette image a été gâtée par la chute et le péché. Jésus est le seul dont la Bible dise : "il est *le reflet de sa gloire* (= celle de Dieu) *et l'empreinte de sa personne*" (Hébreux 1, 3). Si nous sommes rendus semblables à Jésus au ciel, alors on en conclut logiquement que nous aussi "serons transformés en reflet de la gloire de Dieu et en l'empreinte de Sa personne". Chacun aura sa personnalité propre et unique, mais les caractéristiques qualitatives physiques (beauté, gloire, apparence, perfection physique) seront en accord avec celles du Seigneur Jésus (Philippiens 3, 21). Et ce corps ne sera plus lié, ni au temps, ni à l'espace (Jean 20, 19).

Ici, sur la terre, rares sont les personnes avec lesquelles nous sommes en totale adéquation de pensée. Avec elles, les discussions sont vécues comme une expérience unique et le temps passe très vite. Les échanges vous stimulent, vous enrichissent et vous conduisent à faire de nouvelles découvertes qu'on aurait manquées sans le conseil de l'autre.

Au ciel, nous serons en parfait accord avec les pensées de Jésus. La communication avec lui sera un sujet de création prépondérant. Même après que toutes nos questions terrestres auront trouvé une réponse, la pensée et la réflexion se renouvelleront sans cesse. De la même manière qu'ici, quand on aime quelqu'un, l'on cherche à toujours mieux le connaître, dans le ciel nous aurons constamment envie de sonder l'insondable royaume de Dieu (Ésaïe 40, 28) et Jésus lui-même (Colossiens 2, 3). Sitôt après avoir créé l'homme, Dieu a commencé à parler avec lui et lui a donné pour "mission de création" de trouver un nom pour les animaux (Genèse 2, 19-20). Ne serait-il pas logique que le Seigneur continue ce dialogue créatif aussi dans le ciel? La communication céleste ne sera pas un partage de savoirs encyclopédiques, mais un échange qui se révèlera toujours plus enrichissant pour chacun.

Au ciel, nous aimerons comme il aime et nous serons créatifs comme lui est créatif.

5.6 Le ciel – une bonne raison pour se réjouir à l'avance!

Si on regarde de près les paroles de Jésus, un aspect ne peut manquer de nous sauter aux yeux.

Il a annoncé sans relâche le royaume de Dieu. Il a commencé à prêcher par ces mots : *"Le temps est accompli, et le royaume de Dieu est proche. Repentez-vous, et croyez à la bonne nouvelle."* (Marc 1, 15). Par diverses paraboles, il a expliqué la nature du royaume de Dieu : *"le royaume des cieux est semblable à*

- *Un homme qui a semé une bonne semence dans son champ* (Matthieu 13, 24)
- *Un grain de moutarde* (Matthieu 13, 31)
- *Du levain* (Matthieu 13, 33)
- *Un trésor caché dans un champ* (Matthieu 13, 44)
- *Un marchand* (Matthieu 13, 45)
- *Un filet* (Matthieu 13, 47)
- *Un roi qui fit des noces pour son fils* (Matthieu 22, 2)

Les paroles de Jésus, alors qu'il prenait soin de Zachée, se terminent par des mots qui parlent du salut éternel : *Le salut est entré aujourd'hui dans cette maison, (...) car le Fils de l'homme est venu chercher et sauver ce qui était perdu.* (Luc 19, 9-10)
Aux enfants, Jésus ne promet pas que la vie qui est devant eux sera belle, mais bien plus, il leur promet le ciel : *"Laissez venir à moi les petits enfants, et ne les en empêchez pas; car le royaume de Dieu est pour ceux qui leur ressemblent"* (Luc 18, 16).

Au paralytique, Jésus ne dit pas d'abord *"lève-toi et marche"*, mais *"tes péchés sont pardonnés"* (Matthieu 9, 2). On voit bien que pour Jésus, la plus grande priorité, c'est la condition préalable pour aller au ciel, c'est-à-dire la libération de l'emprise du péché.

Le cœur du message du sermon sur la montagne, qui est aujourd'hui bien souvent mal compris et détourné dans un sens uniquement terrestre, c'est le ciel :

- *"Heureux ceux qui sont persécutés pour la justice, car le royaume des cieux est à eux!"* (Matthieu 5, 10)
- *"Cherchez premièrement le royaume et la justice de Dieu; et toutes ces choses vous seront données par-dessus."* (Matthieu 6, 33)
- *"Entrez par la porte étroite. Car large est la porte, spacieux est le chemin qui mènent à la perdition, et il y en a beaucoup qui entrent par là. Mais étroite est la porte, resserré le chemin qui mènent à la vie, et il y en a peu qui les trouvent."* (Matthieu 7, 13-14)

Lorsque les disciples revinrent auprès de Jésus après un temps de mission, ils étaient heureux d'avoir pu constater que même les mauvais esprits leur étaient soumis. Mais Jésus attira leur attention sur une autre forme de joie : *"Cependant, ne vous réjouissez pas de ce que les esprits vous sont soumis; mais réjouissez-vous de ce que vos noms sont écrits dans les cieux."* (Luc 10, 20) Cette joie-là, Jésus la place au-dessus de toutes les autres. On trouve dans le verset de 1 Pierre 1,8 la mesure de cette joie : *"vous réjouissant d'une joie ineffable et glorieuse."*

Si nous montrons, ne serait-ce qu'à une seule personne, le chemin du salut, alors il en découlera une joie indescriptible dans le ciel : *"De même, je vous le dis, il y a de la joie devant les anges de Dieu pour un seul pécheur qui se repent"* (Luc 15, 10).

Ces critères définis par Jésus lui-même signifient donc ceci :

- Ses disciples doivent d'abord et avant tout annoncer le salut qui ouvre aux hommes l'accès du ciel. Cette priorité du commandement divin n'a jamais changé.
- Le but éternel doit être, jusqu'au retour de Jésus, de prêcher de façon biblique et de prendre soin du bien-être des âmes.
- Tout ce que nous savons sur notre patrie céleste (Philippiens 3, 20) doit imprégner notre vie quotidienne et rayonner sur notre entourage.

6. Notre libre choix: le ciel ou l'enfer

Dans le livre de Jérémie (21, 8), on lit : *"Ainsi parle l'Éternel : voici, je mets devant vous le chemin de la vie et le chemin de la mort."* Personne n'ira automatiquement au ciel et personne ne se retrouvera par erreur en enfer. Dieu nous laisse la possibilité de choisir entre ces deux chemins. Cette décision dont Dieu nous laisse le choix, c'est la plus importante, c'est celle qui aura les conséquences les plus déterminantes pour notre vie.
Les dialogues suivants vont illustrer cette idée.

6.1 La femme qui voulait aller en enfer

Même si cela paraît incroyable, il se trouve bien des gens qui aimeraient aller en enfer.

- Ils prétendent que ce sera plus "fun" qu'au ciel.
- Ils imaginent qu'ils y retrouveront leurs amis.
- Ils pensent qu'ils pourront y poursuivre leur routine habituelle.

Le message n'est-il pas passé? N'avons-nous pas décrit assez clairement les terreurs et les souffrances dans ce lieu, pour que de nombreuses personnes manquent d'information sur ce qui les y attend?

Ou pire encore : n'avons-nous jamais prêché sur l'enfer? Ou avons-nous même dit : "l'enfer n'existe pas"? Récemment, un ami m'a dit : "dans notre église, on ne parle jamais de l'enfer". Les pasteurs craignent qu'on les critique, ou qu'on leur dise qu'ils en sont restés au Moyen-Âge.

Moi, j'ai décidé de prêcher ce que Jésus a dit. Et Il a souvent parlé de l'enfer et de la perdition.

L'acteur et star de télé britannique né à Londres, *Chris Howland* (1928-2013), connu en Allemagne comme humoriste et chanteur, a dit une fois qu'il préférait aller en enfer car, selon ses dires, tous ses amis y seraient aussi.

Il se trompait lourdement. En effet, en enfer les amis n'existent plus. Les amis, c'est quelque chose de bon. Or, en enfer, on ne trouve plus aucune "bonne chose", parce que Dieu, la source de tout bien, n'y est pas. C'est pour cela que, nulle part dans la Bible, on ne trouve la moindre indication qu'une quelconque forme de communion existe dans ce lieu de torture et de ténèbres.

L'enfer est le *lieu le plus solitaire* que l'on puisse imaginer.

Jean-Paul Sartre a décrit l'enfer d'une manière encore trop belle, en disant que c'était comme un lieu où seraient enfermés ensemble pour toujours des gens qui ne se supportent pas.

Lors d'une soirée – c'était à Mannheim –, j'avais parlé de l'enfer et du ciel. Une jeune femme est venue vers moi ensuite en décrétant qu'elle savait tout à fait où elle voulait aller. Je m'attendais bien sûr à la réponse suivante: au ciel! Mais la réponse fusa : "Non, je ne veux surtout pas me convertir, car je veux aller en enfer." - "je ne comprends pas, ai-je répondu, me suis-je mal exprimé pour que les auditeurs préfèrent l'enfer au ciel?" Son argumentation m'a surpris: "j'avais une relation très proche avec ma mère et je l'ai beaucoup aimée. Elle est morte quand j'avais 20 ans. Elle n'était pas croyante, ce qui fait que, d'après ce que vous avez dit, elle est maintenant en enfer. Ainsi, je veux être là où elle est." Alors j'ai attiré son attention sur les choses suivantes :

Premièrement, personne ne peut dire avec certitude qu'untel ou untel est en enfer. La mère d'un délinquant avait vu son fils partir sur une mauvaise voie. Il devint assassin et criminel. Les Romains le capturèrent alors et le condamnèrent à être crucifié. Si on avait demandé à la mère où elle pensait que son fils était après sa mort, elle aurait certainement répondu : "évidemment, il n'était pas croyant, il était même un grand criminel, vous pensez bien qu'il doit être en enfer." Elle le jugeait d'après ses actes et sa vie qui s'était terminée sur une croix après qu'on l'eut condamné pour ses crimes. Mais lui, sur sa croix, il s'est tourné vers Jésus et a été sauvé : *"aujourd'hui, tu seras avec moi dans le paradis"* (Luc 23, 43). Nous allons rencontrer ce malfaiteur au ciel. Mais sa mère, elle, n'en a rien su.

Deuxièmement, je me souviens encore de la période de l'immédiat après-guerre. Les déplacements de population avaient été nombreux suite à l'exode forcé devant les Russes, beaucoup de monde avait été fait prisonnier, ce qui avait provoqué l'éclatement de nombreuses familles. Quelques années après la fin de la guerre, on entendait encore à la radio des avis de recherche de la Croix-Rouge qui tentait de réunir les familles séparées. En enfer, il n'y aura pas de Croix Rouge, ni aucune organisation qui aide les amis et les familles à se réunir. L'enfer n'est pas le lieu du "regroupement familial"! Même si je peux comprendre votre pensée et l'accepter, si vous et votre mère étiez dans ce lieu de la perdition éternelle, vous ne vous y retrouveriez jamais.

Troisièmement, la Bible nous dit que Dieu est amour (1 Jean 4, 16). Dans des assemblées russes, j'ai souvent vu accroché au mur l'inscription en cyrillique

"Dieu est amour". Quand des jeunes se rencontrent, tombent amoureux et se marient, cet amour est un cadeau de Dieu. L'enfer, par contraste, peut être défini comme *le lieu de l'absence totale et absolue de Dieu*. Alors si Dieu n'est pas là, cela signifie *qu'il n'y a pas là non plus la moindre petite étincelle d'amour.* Les personnes qui se sont aimées sur la terre, une fois en enfer, ne pourront que se haïr. Tous les sentiments qui existent actuellement sur la terre seront, en enfer, annihilés par l'absence totale d'amour et l'indifférence qui y règnent. L'enfer est le lieu de la solitude par excellence.

Quatrièmement : vous ne trouveriez jamais votre mère, pour une raison supplémentaire : c'est que l'enfer est le lieu des ténèbres (Matthieu 8, 12 et 22, 13)

Pour toutes ces raisons, je ne puis que vous donner ce seul conseil : faites le bon choix, décidez de suivre Jésus et brisez ainsi la chaîne cruelle du péché. Vous vous ferez du bien, à vous, mais aussi à vos enfants qui vous seront très reconnaissants si vous les élevez dans la foi dès leur plus jeune âge.

6.2 La femme qui voulait aller au ciel

En décembre 1999, j'étais en déplacement pour une campagne d'évangélisation – c'était aussi à Mannheim, comme dans l'histoire précédente. Avant le début de la soirée, je me tenais près du stand de livres et j'observais ce qui se passait autour de moi. Une femme arriva vers moi et m'interpella, très agitée :

"Vous savez, mon enfant est au ciel, il est dans les mains de Jésus!" Sans bien comprendre, je questionnai un peu plus : "Eh bien oui, continua-t-elle, il y a quelques semaines, j'ai enterré ma fille qui n'avait que trois mois. Mais je suis certaine qu'elle est auprès de Jésus. Quand ma fille est morte, ma mère, qui est chrétienne, m'a donné votre livre intitulé "et les autres religions?" et j'y ai lu ce que vous avez écrit sur les enfants décédés trop tôt. Vous expliquez cela par les paroles de Jésus : *"le royaume des cieux est pour ceux qui leur ressemblent* (aux petits enfants)" (Mathieu 19, 14). Cela m'a touchée en plein cœur. J'aime mon enfant plus que tout. Je veux moi aussi être un jour là où est mon enfant et c'est ainsi que je me suis convertie. Alors maintenant, je sais avec assurance que je reverrai mon enfant au ciel."

Elle me fit ce récit d'un cœur ardent, encore chaviré par l'émotion. A présent, combien nombreux seraient ceux avec qui elle allait partager cet événement décisif de sa vie et par ce moyen, leur parler du Sauveur, Jésus-Christ?

Par cet exemple, j'ai compris quelque chose - que tout le monde ne va peut-être pas voir de la même manière que moi. Que Dieu ne ferait-il pas pour sauver quelqu'un? Il offre un enfant à une femme et le lui reprend peu de temps après. Il s'en sert pour interpeller fortement cette femme pour qu'elle soit, elle aussi, gagnée pour le ciel.

7. Les lois de la nature et l'amour de Dieu

Nous savons, grâce à la physique, que les lois de la nature sont formulées pour être mises à l'épreuve, et cette mise à l'épreuve nous donne l'impression qu'elles pourraient être contredites. Mais ces lois sont posées sur un fondement si solide qu'aucune expérience ne pourrait les ébranler. Elles résistent à toute épreuve. C'est seulement quand une loi supposée a passé cette épreuve du feu qu'elle accède au statut de loi naturelle prouvée – et non pas seulement supposée – , lorsqu'elle peut être appliquée en tous cas, parce qu'elle est valable sans exception.

Il en est de même pour la Parole de Dieu. Elle est formulée de manière forte, claire et non pas sur le mode conditionnel, comme Jésus le déclare en Jean 14, 6 : *"Je suis le chemin, la vérité, et la vie. Nul ne vient au Père que par moi."* En disant ceci, Jésus déclare que c'est uniquement par lui que passe le chemin qui mène au ciel. Nombreux sont ceux qui ont cherché à contredire cette vérité, mais à la fin se confirmera ce que Jésus exprima de manière prophétique en Luc 13, 24 : *"Car, je vous le dis, beaucoup chercheront à entrer (le royaume des cieux), et ne le pourront pas."* La parole de Dieu résiste à toute épreuve et à quiconque tentera de la contredire.

Elle doit elle aussi résister au test de la réalité. Au sujet de l'amour de Dieu, on lit dans 1 Jean 4, 8 :

"Dieu est amour."

Et le Cantique des cantiques (8, 6) donne une parole prophétique sur ce sujet :

"Car l'amour est fort comme la mort, La jalousie est inflexible comme le séjour des morts; Ses ardeurs sont des ardeurs de feu, Une flamme de l'Éternel."

En principe, on pourrait contredire et combattre cette affirmation, mais la croix de Jésus a été le test qui a montré la validité de cette loi de l'amour de Dieu.

Par sa vie, Jésus nous a montré la nature même de l'amour divin. Il n'a jamais agi égoïstement. Tout ce qu'il faisait était empreint d'un amour désintéressé. Alors qu'il n'existe en allemand ou en français qu'un seul mot pour désigner l'amour, le grec en différencie trois :

L'amour qui décrit l'amitié, en grec : *Philia*
L'amour érotique, en grec : *Eros* et
l'amour divin, désintéressé, *Agape*.

Agape est l'amour désintéressé, qui n'est pas juste une réaction à quelque chose d'aimable, mais qui agit indépendamment de l'attitude de l'autre. L'amour divin s'exprime sans condition préalable. Jusqu'où l'amour est-il prêt à aller, au point même de ne pas reculer devant la mort? A la croix, tout s'est ligué contre cet amour inconditionnel. La première tentative a eu lieu par l'intermédiaire des chefs d'Israël :

"Les magistrats se moquaient de Jésus, disant : Il a sauvé les autres; qu'il se sauve lui-même, s'il est le Christ, l'élu de Dieu!" (Luc 23, 35)

Ils voulaient faire vaciller l'amour de Dieu. Si Jésus était descendu de la croix, le verset du Cantique des Cantiques cité précédemment aurait été contredit. Peu après, il y a eu une seconde tentative de mettre en doute la véracité de l'amour de Dieu "fort comme la mort" :

"L'un des malfaiteurs crucifiés l'injuriait, disant : N'es-tu pas le Christ? Sauve-toi toi-même, et sauve-nous!" (Luc 23, 39)

Mais l'amour de Dieu a tenu bon. Enfin, il y eut encore un troisième test :

"Les passants l'injuriaient, et secouaient la tête, en disant : Hé! toi qui détruis le temple, et qui le rebâtis en trois jours, sauve-toi toi-même, en descendant de la croix! (...) Que le Christ, le roi d'Israël, descende maintenant de la croix, afin que nous voyions et que nous croyions!" (Marc 15, 29 + 32)

Mais cela ne réussit pas non plus à éteindre l'amour divin. Jésus aurait pu descendre de la croix, mais il ne l'a pas fait. L'amour de Dieu est vraiment plus fort que la mort, car Jésus a traversé la mort. L'amour de Dieu ne pouvait pas être vaincu et la parole qui proclamait l'amour inconditionnel ne pouvait pas être réfutée. Le fait que Jésus soit resté sur la croix est d'une importance capitale pour nous. C'est uniquement par son sang versé à la croix que nous pouvons être sauvés. (1 Pierre 1, 18, 19)

Une preuve encore plus grande de l'amour de Dieu n'est-elle pas celle dont Jésus lui-même a parlé :

"Comme le Père m'a aimé, je vous ai aussi aimés. Demeurez dans mon amour. (...) Il n'y a pas de plus grand amour que de donner sa vie pour ses amis." (Jean 15, 9 + 13)

Le célèbre prédicateur britannique *Oswald Chambers*[3] (1874 – 1917) l'a exprimé ainsi :

"La croix de Christ montre sans aucun doute possible que Dieu a condamné le péché. N'associe jamais la croix de Christ à un martyre! Ce fut au contraire la plus grande victoire qui ait ébranlé les fondements de l'enfer. Rien dans l'histoire et dans l'éternité n'est plus absolument certain et incontestable que ce que Jésus-Christ a obtenu à la croix. Il a fait de la rédemption le fondement de la vie humaine, c'est-à-dire qu'il a ouvert à chaque être humain la possibilité d'avoir une communion avec Dieu. La croix n'est pas quelque chose qui serait arrivé à Jésus par erreur, bien au contraire, il est expressément venu pour mourir, il est venu avec l'intention d'être crucifié. C'est lui, 'l'agneau immolé' (Apocalypse 13, 8). Si le Christ était juste devenu homme sans passer par la croix, cela n'aurait eu aucun impact."

---

[3] Oswald Chambers, "Tout pour qu'il règne"

On trouve une autre parole prophétique dans 1 Corinthiens 13, 8 :

"L'amour ne périt jamais."

Voilà une autre caractéristique de l'amour de Dieu : il remplira aussi le ciel et durera éternellement. De la même manière, l'amour qui a pu exister entre êtres humains sur la terre ne disparaîtra pas, mais se perpétuera au ciel sans fin, en toute perfection.

8 Les preuves de Dieu et le salut

Ce n'est pas parce qu'on reconnaît l'existence de Dieu qu'on est pour autant sauvé. Il faut encore que le Saint Esprit nous révèle Jésus comme *Sauveur personnel* et que chacun l'accepte librement, en toute connaissance de cause. Si les preuves de l'existence de Dieu ne conduisent pas automatiquement à la foi, elles servent cependant à déconstruire ou même balayer certains obstacles qui se dresseraient devant la foi. Et le Saint Esprit de Dieu nous parle avec un amour inégalable.

Quand nous avons compris qu'un Dieu omnipotent et omniscient existe, et qu'Il s'est révélé à nous dans son amour sans limite en Jésus-Christ, alors nous pouvons le recevoir de tout notre cœur. Jésus veut être notre ami, notre Sauveur, et notre Seigneur. Si tu ne lui as pas encore confié ta vie, accepte-le aujourd'hui, car il a dit :

"Voici, je me tiens à la porte, et je frappe. Si quelqu'un entend ma voix et ouvre la porte, j'entrerai chez lui, je souperai avec lui, et lui avec moi." (Apocalypse 3, 20)

Jésus a promis qu'il accueillerait quiconque se met en route pour venir à lui : *"je ne mettrai pas dehors celui qui vient à moi."* (Jean 6, 37).

9   Comment puis-je aller au ciel?[4]

Nombreux sont ceux qui, aujourd'hui, refoulent en eux la question de l'éternité. On observe ce phénomène même chez ceux qui réfléchissent à leur fin. L'actrice américaine Drew Barrymore a joué, enfant, un premier rôle dans le film fantastique "E.T. l'extra-terrestre". Née en 1975, elle dit à l'âge de 28 ans : "Si je devais mourir avant mon chat, qu'on lui donne mes cendres à manger. Au moins, je continuerais à vivre en lui." Cette inconscience et cette ignorance face à la mort ne sont-elles pas effarantes?

Du temps de Jésus, nombreux étaient ceux qui venaient à lui, mais les requêtes qu'ils formulaient concernaient presqu'uniquement leur bien-être terrestre :

- *Dix lépreux voulaient être guéris* (Luc 17, 13)

---
[4] Pour obtenir ce tract, le commander auprès de la mission "Die Bruderhand", Am Hofe 2, D – 29342 WIENHAUSEN ; courriel : info@bruderhand.de. Ce tract est disponible dans environ 70 langues.

- *Des aveugles voulaient recouvrer la vue* (Matthieu 9, 27)
- *Un homme demandait de l'aide pour régler des querelles d'héritage* (Luc 12, 13-14)
- *Des pharisiens vinrent avec une question-piège, à savoir s'il fallait payer l'impôt à César* (Matthieu 22, 17)

Peu nombreux sont ceux qui sont venus à Jésus pour savoir comment aller au ciel. Un jeune homme riche, s'approchant, lui demanda : *"Bon maître, que dois-je faire pour hériter la vie éternelle?"* (Luc 18, 18). Il reçut cette réponse : vendre tout ce à quoi son cœur était attaché et suivre Jésus. Comme il était très riche, il ne suivit pas ce conseil et par là, renonça au ciel. Il y avait aussi des gens qui ne cherchaient pas du tout le ciel, mais qui se mirent à s'y intéresser grâce à leur rencontre avec Jésus. Et ils saisirent aussitôt l'occasion. Zachée voulait voir Jésus pour savoir qui il était. Mais il trouva bien plus que ce qu'il cherchait! Le passage de Jésus dans sa maison – pour ainsi dire autour d'un café – lui permit de trouver le ciel. Jésus l'affirma : *"Le salut est entré aujourd'hui dans cette maison..."* (Luc 19, 9).

10 Comment peut-on avoir accès au Ciel?

De ce qui a été dit jusqu'à présent, retenons ceci :

- On peut trouver le royaume des cieux un jour précis. C'est bon à savoir : aujourd'hui, cher lecteur, chère lectrice, vous pouvez obtenir la vie éternelle auprès de Dieu.
- L'accès au ciel n'est pas lié à une quelconque performance à accomplir.
- On peut trouver le ciel sans préparation particulière.

Nos conceptions humaines du chemin qui mène au ciel sont toutes fausses si nous ne nous fondons pas sur les déclarations de Dieu, telle cette chanteuse qui évoquait, dans l'une de ses chansons, un clown qui avait cessé son travail après de longues années dans un cirque : "Il ira certainement au ciel, vu tous les gens qu'il a rendu heureux." Ou cette riche chanoinesse qui fit construire un asile dans lequel vingt femmes pouvaient venir vivre gratuitement, mais dont la condition pour y demeurer était la suivante : prier chaque jour, pendant une heure, pour le salut de l'âme de leur bienfaitrice.

10.1. Qu'est-ce qui nous amène vraiment au ciel ?

Pour répondre de façon claire et nette à cette question, Jésus nous a laissé une parabole.

En Luc 14, 16, il parle d'un homme (dans la parabole, celui-ci représente Dieu) qui veut organiser une fête (celle-ci représente le ciel). Il envoie dans ce but des invitations à des personnes bien précises, mais leurs réponses sont affligeantes : l'un après l'autre, toutes se mettent à s'excuser. La première explique : *"J'ai acheté un terrain"*, la deuxième : *"J'ai acheté cinq paires de bœufs"*, la troisième : *"Je viens de me marier! Voilà pourquoi je ne peux pas venir."* Jésus termine la parabole par le jugement prononcé par celui qui invite : *"Car je vous le dis, aucun de ces hommes qui avaient été invités ne goûtera de mon souper."* (Luc 14, 24). Cela montre bien qu'on peut soit gagner, soit perdre le ciel. Le point central, c'est d'accepter ou non l'invitation. Peut-on faire plus simple? Impossible! Un jour, des hommes et des femmes se verront refuser l'entrée au ciel, non parce qu'ils n'en connaissaient pas le chemin, mais parce qu'ils auront refusé l'invitation.

Les trois personnes mentionnées dans la parabole ne sont pas des exemples à suivre : aucune n'accepte l'invitation de venir à la fête! Pensez-vous alors que la fête a été annulée? Pas du tout! Après avoir essuyé tous ces refus, le maître de maison envoie des invitations à quantité d'autres personnes. Fini, l'envoi de cartes en lettres d'or. Maintenant, il n'y a plus que l'essentiel : *"Venez!"* et tous ceux qui y répondent auront leur place, c'est sûr. Que se passe-t-il maintenant? Eh bien, les gens viennent, ils arrivent même en foule compacte. Après un certain temps, l'hôte fait le point et remarque : *"Il y a encore de la place!"* Il ordonne alors à ses serviteurs : *"Retournez dehors, et invitez encore tous ceux que vous trouverez!"*

Maintenant, j'aimerais faire pour nous une application de cette parabole, parce qu'elle concerne exactement notre situation actuelle. Il y a encore de la place au ciel et Dieu te fait passer ce message : *"Viens, empare-toi de ta place au ciel! Fais preuve de sagesse, réserve-la pour l'éternité. Et fais-le aujourd'hui!"*

Le ciel est un endroit merveilleux, bien plus que tout ce que nous pouvons imaginer. C'est pourquoi le Seigneur le compare à une grande fête. Dans la première épître aux Corinthiens (2, 9) on lit : *"Ce sont des choses que l'œil n'a pas vues, que l'oreille n'a pas entendues, et qui ne sont pas montées au cœur de l'homme, des choses que Dieu a préparées pour ceux qui l'aiment."* Rien, absolument rien sur la terre ne peut être comparé au ciel, tellement ce sera infiniment beau. Ne laissez surtout pas passer cette chance! Une personne nous en a ouvert l'accès, c'est Jésus, le Fils de Dieu. C'est grâce à lui que nous pouvons y accéder si simplement. La décision ne dépend plus que de notre volonté. Il faudrait être aussi insensé que les trois hommes de la parabole pour refuser une telle invitation!

10.2. Le salut par Jésus Christ

Dans les Actes des Apôtres (2, 21), nous lisons : *"Quiconque invoquera le nom du Seigneur (= Jésus) sera sauvé."* C'est l'une des déclarations les plus fondamentales du Nouveau Testament. Lorsque l'apôtre Paul était en prison à Philippes, il conduisit le geôlier à l'essentiel: *"Crois au Seigneur Jésus et tu seras sauvé, toi et ta maison."* (Actes 16, 31). C'est un message qui est certes très bref, mais qui le touche au plus profond de lui-même et change sa vie. La nuit même, le geôlier se tourne vers Jésus.

Une chose est absolument nécessaire à savoir : Jésus veut nous faire quitter le chemin qui mène à la perdition, en enfer. Que ce soit au ciel ou en enfer, la Bible dit que les hommes y seront pour l'éternité. L'un de ces lieux est merveilleux, l'autre est terrible. Il n'y a pas d'autre alternative. Cinq minutes après la mort, plus personne ne pourra dire que la mort est la fin de tout. Tout se joue en la personne de Jésus Christ. Notre destinée éternelle dépend uniquement d'une seule personne : Jésus – et de notre relation avec lui.

Lors d'un voyage en Pologne, nous avons visité l'ancien camp de concentration d'Auschwitz. Ce camp fut mis en place par les nazis pendant la seconde guerre mondiale. À Auschwitz, l'on a assassiné de manière systématique les victimes des nazis. Des choses horribles s'y sont déroulées. De 1942 à 1945, plus de 1, 1 millions de personnes, principalement des Juifs, y furent gazées. On parle même de "l'enfer d'Auschwitz". Je réfléchissais à cette expression alors qu'un guide nous montrait une chambre à gaz. C'était horrible à un point inimaginable. Mais était-ce vraiment l'enfer?

Il est possible aujourd'hui de visiter ces chambres à gaz, du fait que la terreur a pris fin en janvier 1945. A présent, ces lieux sont ouverts au public et plus personne n'y est torturé ni empoisonné. Mais l'enfer dont parle la Bible, lui, est éternel.

Dans le hall d'entrée du musée, mon regard fut attiré par une photo qui montrait une croix portant le corps du Christ. Un prisonnier avait gravé dans le mur, avec un clou, l'espérance qu'il avait dans le Crucifié. Cet artiste mourut aussi dans les chambres à gaz, mais il connaissait le Sauveur, Jésus Christ. Il mourut certes en un lieu absolument terrifiant, mais le ciel lui était ouvert. Par contre, on ne peut ni ni s'échapper, ni être sauvé de l'enfer contre lequel Jésus met en garde de façon si pressante (p. ex. Matthieu 7, 13, 5, 19-30), une fois qu'on y est arrivé. Contrairement au camp d'Auschwitz, l'enfer étant éternel, on ne pourra jamais le visiter.

Le ciel aussi est éternel. C'est le lieu où Dieu veut nous faire entrer. Acceptez donc l'invitation à y aller! Invoquez le nom du Seigneur Jésus pour réserver votre place! Après une conférence, une dame m'a demandé, visiblement excitée : "Réserver une place au ciel? Comment est-ce possible? On se croirait dans une agence de voyages J'acquiesçai : «Si on ne réserve pas, on n'arrive pas à destination. Si vous voulez aller à Hawaï, vous avez besoin d'un billet d'avion." Elle demanda en retour : "Mais il faut le payer, ce billet d'avion!" "Oh, oui! Et le ticket pour le ciel aussi. Mais il coûte tellement cher qu'aucun de nous ne peut le payer. C'est notre péché qui nous en empêche. Dieu ne tolère dans son ciel aucun péché. Celui qui veut, après cette vie, passer l'éternité auprès de Dieu, doit d'abord être délivré de sa culpabilité. Cette délivrance ne pouvait être opérée que grâce à une personne sans péché – et cette personne c'est Jésus Christ. Lui seul est capable de payer. Et il a payé de son propre sang, par sa mort à la croix."

Et que dois-je faire maintenant pour aller au ciel? C'est à nous également que Dieu adresse cette invitation à être sauvé. Beaucoup de passages de la Bible nous invitent avec insistance à répondre à l'appel de Dieu :

- *"Efforcez-vous d'entrer par la porte étroite!"* (Luc 13, 24)
- *"Repentez-vous, car le royaume de Dieu est proche."* (Matthieu 4, 17)
- *"Entrez par la porte étroite. Car large est la porte, spacieux le chemin qui mènent à la perdition, et il y en a beaucoup qui entrent par là. Mais étroite est la porte, resserré le chemin qui mènent à la vie, et il y en a peu qui le trouvent."* (Matthieu 7, 13-14)
- *"Saisis la vie éternelle à laquelle tu as été appelé..."* (1 Timothée 6, 12)
- *"Crois au Seigneur Jésus et tu seras sauvé..."* (Actes 16, 31)

Voilà des invitations qui sont toutes très pressantes. On ressent dans ces textes la solennité, le côté inéluctable et pressant d'un tel appel. Alors, comment ne pas y répondre avec détermination, par une prière librement formulée qui pourrait ressembler à celle-ci :

"Seigneur Jésus, je connais ton nom, mais j'ai vécu jusqu'à présent comme si Tu n'existais pas. A présent, j'ai reconnu qui Tu es; c'est pourquoi je m'adresse à Toi pour la première fois par une prière. Je sais maintenant que le ciel et l'enfer existent. Sauve-moi de l'enfer où je devrais aller à cause de tous mes péchés, et surtout de celui d'incrédulité. Je souhaite être un jour auprès de Toi pour l'éternité. Je sais que je ne suis pas en mesure de mériter le ciel par mes propres efforts et que seule la foi en Toi peut m'ouvrir le ciel. Par amour pour moi, Tu es mort sur la croix, Tu as pris sur Toi tous mes manquements et en as payé le prix à ma place. Merci Seigneur! Tu vois tous mes péchés, depuis mon enfance. Chaque péché de ma vie T'es connu, ceux dont je suis conscient maintenant, mais aussi tous ceux que j'ai oubliés depuis longtemps. Tu sais tout de moi, car Tu me connais parfaitement. Tu es au courant de tous les élans de mon cœur, que ce soit la joie ou la tristesse, le bien-être ou le découragement. Tu lis en moi comme dans un livre ouvert. Je ne peux pas tenir devant Toi, ni devant le Dieu vivant, tel que je suis, tel que j'ai vécu jusqu'à présent. C'est ce qui me rend indigne d'aller au ciel. C'est pourquoi je Te demande de pardonner toutes mes fautes. Je regrette de tout cœur mes péchés.

Aide-moi à abandonner ce qui n'est pas juste devant Toi et donne-moi de nouvelles habitudes qui soient sous ta bénédiction. Donne-moi un cœur obéissant. Ouvre-moi ta Parole, la Bible. Aide-moi à comprendre ce que Tu veux me dire par elle, à y puiser de nouvelles forces ainsi que la joie de vivre. Sois dès à présent mon Seigneur, je T'appartiens avec joie et je veux Te suivre. Montre-moi, s'il Te plaît, le chemin que je dois suivre.
Merci de m'avoir entendu(e). Je crois à ta promesse : parce que je me suis tourné(e) vers Toi, je suis devenu(e) ton enfant et je serai pour toujours auprès de Toi dans le ciel. Je me réjouis de Te savoir déjà maintenant à mes côtés, dans chaque situation. Aide-moi à trouver des personnes qui croient aussi en Toi personnellement et une communauté chrétienne fondée sur la Bible, où je pourrai entendre régulièrement ta Parole. Amen."

Tu peux avoir l'absolue certitude qu'à partir du moment où tu as invité Jésus par la foi, il est entré dans ton cœur et t'a donné la vie éternelle. Voilà comment la Bible appelle cette première prière de communion avec Jésus et la transformation de ta vie qui s'ensuit : la "naissance d'en haut" ou "naître de nouveau", ou "naître d'eau et d'Esprit" ou "renaissance" (Jean 3, 3 et 5, 1 Pierre 1, 3).

Ne repousse pas indéfiniment cette décision! Tu ne peux pas savoir de quoi demain sera fait. Qu'est-ce qui t'empêche de le faire maintenant? Tu n'as pas besoin d'attendre un moment ou un lieu spécial, ou d'être avec quelqu'un en particulier, devant qui tu pourrais accomplir ce pas. Fais-le devant Dieu, et sois certain qu'il accomplira ce qu'il a promis. Dieu lui-même garantit ta rédemption : *"Et voici ce témoignage, c'est que Dieu nous a donné la vie éternelle, et que cette vie est dans son Fils. Celui qui a le Fils a la vie; celui qui n'a pas le Fils de Dieu n'a pas la vie"* (1 Jean 5, 11-12). Christ se tient à la porte de ton cœur; il attend que tu l'invites à y entrer et à prendre la direction de ta vie.

Si tu as fait cette prière (ou l'as formulée autrement) de manière personnelle, Jésus t'a accepté aujourd'hui même. Il a promis de façon absolument certaine d'accepter tout celui qui vient à lui : *"Tous ceux que le Père me donne viendront à moi, et je ne mettrai pas dehors celui qui vient à moi"* (Jean 6, 37). Par cette décision, tu as inauguré ton voyage vers le ciel. En même temps, tu t'es engagé à suivre Jésus et c'est lui qui sera la clé de ta réussite dans ta marche avec Lui. Ta vie va changer radicalement :

- Lis régulièrement la Bible, la Parole de Dieu. C'est le seul livre dont Dieu a attesté être l'auteur. La Bible est le "mode d'emploi" indispensable à notre vie, de notre naissance jusqu'à notre mort.
- Parle chaque jour à ton Seigneur. Les chrétiens prient Dieu le Père et Jésus, le fils de Dieu.
- Mets en pratique ce que la Bible t'enseigne à faire.
- Recherche la communion fraternelle avec d'autres chrétiens qui suivent le Christ de tout cœur.

L'auteur: *Werner Gitt*, directeur et professeur émérites, est né le 22 février 1937 à Raineck en Prusse-Orientale. Il a fait des études d'ingénieur de 1963 à 1968 à la Haute École de Technologie de Hanovre, où il a passé son diplôme d'ingénieur. De 1968 à 1971, il a été assistant à l'Institut des techniques de contrôle, à l'Ecole Supérieure de Technologie d'Aix-la-chapelle. Après deux ans de travaux de recherche, il a passé son doctorat. De 1971 à 2002, il a dirigé le département des technologies de l'information à l'institut fédéral des techniques physiques (Physikalisch-Technische Bundesanstalt PTB) à Brunswick. Il y fut nommé directeur et professeur en 1978. Il a traité de questions scientifiques dans les domaines de l'informatique, des mathématiques numériques et de l'ingénierie de contrôle. Il en a publié les résultats dans de nombreux ouvrages spécialisés. En 1990, il a créé le "congrès d'informatique" auquel 150 personnes participent chaque année, pour mettre en perspective directives bibliques et questionnements scientifiques (spécialement dans le domaine des sciences de l'information). Depuis 1984, il est le représentant du département "Bible et sciences" en tant que maître de conférence à la Haute École de Théologie indépendante de Bâle (Staatsunabhängige Theologische Hochschule). Il est marié avec Marion depuis 1966. De leur union sont nés, en septembre 1967, leur fils *Carsten*, et en 1969, leur fille *Rona*.

Site internet de Werner Gitt : www.wernergitt.de

Vous y trouverez :

- les dates actualisées de ses conférences.
- des articles et des livres en différentes langues à télécharger.
- des flyers à lire en ligne ou à imprimer : par exemple :
  "Comment puis-je aller au ciel?"
  "Qui est le créateur?"
  "Miracles de la Bible"
  "Ce que Darwin ne pouvait pas savoir"
  "Et pourtant Il existe, notre Dieu!"
  "Crèche, croix, couronne"
  "Le voyage sans retour"
  "La plus grande des invitations"
  "Notre Terre, une planète exceptionnelle".

Ces tracts sont disponibles dans de nombreuses autres langues. Celui qui a été le plus traduit (environ 70 langues) est : "Comment puis-je aller au ciel?"